太田久紀

唯識の心と禅

大法輪閣

唯識の心と禅

一、心の探究

―心を以って心を学ぶ―

宗学・禅学・仏教学

――ひたすら仏道を参究する――

唯識のことをご紹介しようと思います。

衛藤即応《えとうそくおう》先生は、生涯を道元禅師の教え・禅学・仏教学という広い領域にわたって仏道を求められた先生でございました。

『私は禅に参究して、……一般仏教学の研究に進まざるを得なくなって……一般の研究者の如く……学問的興味からの研究ではなく……所謂の研究といふよりは寧ろ私には学修といふ方が適当であった』

（「宗祖としての道元禅師」岩波書店）

「仏教の研究というのは、参究だよ」と、生涯おっしゃり続けました。研究と参究はどこが違うのか。研究は、客観的に突き放して組織的に研究する。それに対して、参究とは、自己の問題として受け止めていく。仏教からは、そういう己れの行き方、己れの進むべき方向、そういうものを与えられる。そういうものを学習する。それが、先生の生涯の姿勢でした。参究という言葉。学び修める。学んだものを己れの生活の中で、修めていくという方向を離れられたことはなかった。

衛藤先生は、八宗兼学《はっしゅうけんがく》と申しあげてよい先生でありました。先生が亡くなられてから遺稿をまとめたもので、『道元禅師と現代』が、春秋社から出ております。これは、そういう道元禅師の学修からスタートして、それを深く掘り下げて、思想文化という領域まで広げて行って、そして、そこから宗学を見直していくという、そういう研究の姿勢というもの、勉強の姿勢というものを貫かれた方でありますので、残された講演集とか、残された原稿を見てみますと、先生は、常に一番頂点を明らかにするために、いつも底辺に足を立てておられた。その頂点と底辺を結びつけるそういう仏教の勉強の仕方をなさった。ここは宗学だ、ここは禅学だ、ここは仏教学だ、というような区別がないのです。仏法というものが、一つの文化とか思想というような、幅の広い領域に足を立てながら位置づけられている。宗学を、現代の我々の生活、現代社会に生きる宗学ということでとらえていかれた。しかもそれは、どこまでも、忠実に宗学から禅学へ、禅学から仏教学へというふうに忠実に求めていかれた。

学問は、ますます細分化されていきますが、仏教というのは細分化された学問ではありません。一人の人間が生きる。いかに生きるかということを問うのが仏教でありましょうし、また道を求める人もそうです。仏教に縁を求める人達も、学問がしたくて来るのではない。仏教から何かを与えられたいと思ってくるわけでして、そこにはここまでは仏教学、それは禅学、これは宗学、そんな枠があるわけがない。同心円といってもいいでしょうか、宗乗を軸にして円が広がっていく。そして広く文化という領域まで広げて、その中に位置づけをした上で、宗乗とは何か、宗学とは何かという問いを、改めて問いなおしていく。このような努力が、だれにでもできることではありませんけれども、どうでしょうか、お寺にいらして現場で、檀家の方と接触を深めていかれますと、そういう求め方というものがご理解いただけるのではないでしょうか。研究室の中にいる間は、色々なことをいうこともできますが、現場に入った時には、無責任なことをいっておるわけにはいかない。そういう現実に密着しながら、現実にしっかりと足を立てながら、宗学、宗乗というものをどういうふうにつかんでいくか、この努力はやはり忘れてはいけないと思います。だれでもができるわけではないんです。ないけれども、その発想といいましょうか、その志といいましょうか、そういうものはやはり捨ててはいけないのではないのか。

今、仏教学は、非常に細分化される傾向にありますし、それも仏教の研究の一つでありましょう。これも仏教だと思います。けれども、それだけがすべてではないのであって、やはりトータルな、一人の人間が、どう生きていくかという問いかけに答える。それを我々自身も、求めていかなければいけないのではないのかと思います。もしもチャンスがございましたら『道元禅師と現代』をお読みいただくと、そういう努力をした一人の先哲があったことをお知りいただけると思うのです。

カニシカ王が、法を聞いて歩く。そうすると説く人によって違うんです。そこで、脇尊者《きょうそんじゃ》に聞いたんです。悟りを開くまでは、横になって寝ないというので脇尊者と呼ばれる学僧です。そのことを脇尊者に聞きますと、どれも仏法ですと答えた。黄金の棒は、どこをどのように切ってもすべて黄金です。そう答えたという話が伝わっております。どこを切っても黄金であるはずなんです。

現場にいらっしゃいますと、恐らく衛藤先生のおっしゃることが、お分かりいただけると思いますが、宗学の世界だけで完結をしていて、これでいいんだという安易な自己肯定というのは、控えなければいけません。それは、それでいいんです。第一義的にはそれでいいんですけれども、たとえば、在家の方が聞かれたときに、第一義的だけで通用するのかどうなのか。

奈良・薬師寺の高田好胤管長さんが、毎月、三越の本店で講演をなさる。場所は、三越本店の正面玄関を入ったところに腰をくねらせた天女の像がありますが、あの下なんです。あんな所でといえば失礼ですが、買物客でごったがえしているあんな所で法話をなさるんです。ところが、薬師寺の管長さんの法話があるという日には、午後一時からの法話を聞くために午前十時の開店と同時に走りこんで座席を取る。そういう光景が今でも見られるそうです。これももう五、六年続いておるのではないでしょうか。つまり、動員をかけられた人ではないんです。ただ、今日は薬師寺の管長さんのお話があるということが知らせに書いてあるだけなんです。何ていうんでしょうか、人を集める力、だれも集まれといわないんです。だれもいわないけれど、それを引きつける力。七、八年前に亡くなられました、京都の清水寺の大西良慶和上、清水のお寺も北法相宗でありまして唯識のお寺です。そんなことで、清水寺にもお世話になったり法を聞きに行ったりしたんですが、ここも大西良慶和上が講話をされますと、毎月二回ずつなさるんですけれども、それが定期。それから八月のお盆の前には、五日間、朝の六時から七時まで、法話をなさる。そうすると、それを聞くために、朝三時頃に起きてやって来る。遅く行くといい席がありませんので、あの坂道を走るようにして上がって行くんです。三十分ぐらい前ですともう管長さんのお顔が見えるところに座れない。何がそれをさせるのかと思うのです。京都や奈良の唯識のお寺とのご縁があるものですから、それを例にお話を申し上げているのですが、この引きつける魅力というのは、いったい何でありましょうか。

そこには、何があるのかといいますと、唯識という仏教は、非常に、向上門といいましょうか、従因向果《じゅういんこうか》といいましょうか、因から果へという、凡夫が修行をして仏になる。

正にそういう仏教です。今日これからそれを申し上げようと思っております。迷える凡夫が、法を求めて仏へ近づいていくという、その線を非常にはっきり守る仏教でございます。それで、私は聞いていていつも、ああ素敵だなと思いますのは、「自己をならふ」という言葉が出てきても、その自己とは何かということが、非常に現実の人間の上にとらえられているのです。けっして理念化された、哲学化された人間ではなく、毎日毎日、泣いたりわめいたり、恨んだり愛したりという、そういう人間臭さの中に生きている人間。その人間についての省察と言いましょうか、それが深いんです。そして真剣です。それが人に訴えるのではないのかと思うんです。これは、上求菩提《じょうぐぼだい》、下化衆生《げけしゅじょう》などと私たちは、始終いいますが、その上求菩提です。大西良慶和上にしても、高田好胤管長にしても、これが一番の芯にあって、この気持ちが人に伝わっていくのだろうと私は思っています。

そういうことを考えながら、自分の上求菩提の熱はどうなのかということを振り返ってみると、私は、恥ずかしいことですけども、大西良慶和上や高田好胤管長ほど、人を集めるだけの上求菩提がないんです。上求菩提、下化衆生というスローガンを覚えているものですから、何となく上求菩提もしているように思っていたのですが、ある時、薬師寺で唯識の講義が終わりましたとき、ある大学の学生さんで同じ唯識をやっている方ですが、質問に見えた。その時、持ってきた学生さんの本を広げたのを見て、私は、びっくり仰天したんです。どのページもどのページもびっしりと、全ページ色分けしてあるんです。恐らく、その黄色は黄色とつながっていく、緑は緑へつながっていくという分類をしているんだと思いますけれど、開けてその質問をするのを見た途端に私は、本当にびっくりしました。私の本も汚いのですけれど、私の本などの比じゃない。それだけ熱心に勉強している。ああ、上求菩提という言葉を私は知っている。そして自分でもある程度それをしているつもりでした。けれど、あの学生さんに比べたら何ほどの上求菩提をしているでしょうか、恥ずかしいという思いで一杯でした。上求菩提、下化衆生というスローガンを知っていますから、何となくやっているように錯覚してしまう。ああいう学生さんの熱意に比べますと、ああ、何もしていないなあとそういう感じにとらわれたんです。

我々の上求菩提が、本当の意味で、上求菩提していなかったら、やはり檀家の人にも通じないでしょうし、話しを聞きにきた方にも通じないのではないのか、そういうことを感じるんです。私自身がそうであって、現場にいらっしゃる皆さん方は、その中で悪戦苦闘なさっているのだと思います。この気持ちは、やはり捨ててはならない。本気で上求菩提をしているかどうかというようなことを感じます。

衛藤先生の生涯は、上求菩提のご生涯であったと思います。ひたすら法を求め、ひたすら仏道参究を志して歩かれた。私の師匠の小川弘貫《こうかん》先生が、生涯いろんな先生に教えを受けたけれども、私が文句なしに先生といえるのは、衛藤即応先生だとおっしゃっていました。先生といえばもう衛藤即応先生だったのです。

申し上げたいことは、宗学、禅学、仏教学という区別で勉強する。それはそれでいいんです。けれど、それだけが仏法ではないのでして、仏法はもっと全体的な自己の問題、全体的な人間の問題として受けとることを、もう一度考え直してもいいのではないか。余乗というい方は、そういう線に沿った見方であったと思うんです。命をかける宗乗を真ん中に置いて、そして、それを支えていく多くの他の仏教も、人ごとではなく、宗乗と同じ、同心円のものとして、とらえていった。そういう意味で、宗乗、余乗という古い分類の仕方というのは、もう一度見直されていい。仏法として見た場合には、トータルな仏教の参究。研究ではなく参究だよとおっしゃったそういう参究というものを私どもは、もう一度考えてみていいと思うのです。

それで、その参究の一つとして唯識というお話を申し上げようと思うのですが、その前に、教学についてお話しさせていただきます。

教学について

――言葉を通しての自己参究――

教学の特徴といいましょうか、教学は宗乗の周囲にある同心円ですが、まず言葉です。言葉で説明をしていくということです。もうここから我々禅宗の者からすると、言葉をいきなり尊重してしまいますので、ちょっと何かそこが引っかかるところですね。けれども、教学のまず第一は、言葉で説明する。言葉で理解をしていくという事が第一にあげられると思います。一言でいえば言葉ですが、広げていけば、言葉を使って論理的に物事を考えていく、客観化する。自己をならうということを私どもが教わりましても、自分があって、自己が自己をならう。自己というのを一応順序に従っていくと、やはり言葉でとらえていって、そしてそれを論理的にあるいは、組織的に理解していこうとする、というのがこれが教学であります。

本当の自己とは、何かという問いを投げかけていく、この私こそが実は自己なのであって、客観化し、組織化して自己を示すというのは、本当の自己ではなく、本当の自己の影を投げかけているにすぎない。だから、教学はいらないのだ、というのが禅の発生の契機になった問題だと思うんです。

言葉を使って論理化する。客観化し組織化して自己とは何か、ということを学ぶことがやはり忘れられてはならない。教学の角度から見ていきますと、そういう自己のならい方。言葉を実在化してしまうと間違いなんです。言葉なんて所詮、約束ごとにしかすぎません。そういう意味では、不立文字なんです。けれども、仏教の歴史の中で、部派《ぶは》仏教の時代に、非常に行き過ぎるほどの分析や合理化をするわけですけれども、あの部派仏教の時代を、もし仏教が持っていなかったら、果たして今日まで、仏教が仏教として残り得たか。自己を言葉で論理的に客観化して、組織化してみるというその部派仏教のやった成果というものを捨ててはならないと思うのです。なぜかというと、客観化する、組織化するということを通して私たちは、自己というものを客観的に理解することが、できると思うのです。

主観こそが大事だ。あるいは、主体こそが大事だ、これは分かり切ったことです。けれども、自己とは主体だ、主体が大事なんだ、言葉は仮りのものだというふうにいい続けてきたとしましたら、仏教というものが果たして、今日まで、きちっとした思想として、宗教として伝わっただろうか。私は、ひょっとすると忘れられたり崩れてしまったり、もとの型が何か分からなくなったのではないかと思います。部派が行き過ぎるほどの精密な自己分析を遺してくれた。それは一つの方便であるという理解の上で見ていった場合に、その客観化したり組織化したりしたという、その方法論でとらえられた自己というものが代々受け継がれてきたから、自己をならうというのはどういうことかということが、何百年も同じように問い続けられてきた。客観化がもしなくて、一つの主観の体験の継続だけであったならば今日ほど仏教がきちんとした型を持ちえたであろうか。なかったのではないかというふうなことを思うんです。

仏教学といいますが、やっていることは何かといえば、自己です。自己を客観化する。他のものではありません。だから言葉はなくていいんです。なくてもいいんだけれど、その自己とは何かという問いを組織的に言葉を通して説明をするという方法を取ることによって、自己参究が、普遍性を持ってくる。ある人のある日の思いつきや感想で展開する仏教ではない。もっときちんとした秩序の上に、命を持った仏教というものが、生まれてくる。そういう役目を、この仏教学というのはしているのではないかと思うんです。

禅宗の立場から言えば、そんなものは、いらんと言ってしまえばもうそれでおしまいでありまして、それも一つの見識であろうと思いますが、そういう言葉に対する、批判的・否定的な態度を失わないままで、しかもその言葉を使って仏教をとらえていくことを教学は教えている。

私は、唯識に縁を持たせてもらっておりますが、唯識というのも実は仏道参究。自己をならうその自己とは何かを問いかける思想だと思っていただいて、何かのおりに、唯識という仏教について多少でも読んでいただけると嬉しいなと思うのです。

たとえば、文字や、言葉をどうとらえるかというときに、言葉は、はかない約束ごとにすぎないという一面。唯識の修行の軸になるのは、言葉のはかなさ、言葉の虚しさを説くのが、一つの大きなテーマになります。これはもう、眼蔵《げんぞう》などを開いてみますと、いっぱい出てくるわけでして、経師論師では分からないと何度も繰り返しておっしゃるあの問題です。言葉は、約束ごとであるのに、それを私どもは自覚しないで使っている。そういう、言葉というのは約束ごとにすぎないということを徹底的に叩いていくのが唯識でございます。

それじゃあ言葉は無意味なのか、いらないのかと言いますと、唯識では、修行というものを三つに分けまして、それぞれが一大阿僧祇劫《あそうぎこう》。つまり三大阿僧祇劫かかって菩薩は、仏界に到達すると考えます。一つ目の区切りが、見道。道元禅師の教えでいえば、身心脱落の体験のところです。第二の区切りは第八地になるのですが、次に第九善慧地《ぜんねぢ》というのがありまして、ここで四無礙解《しむげげ》というのが実践されなければならないというのです。四無礙解というのは、法・義・辞・弁。法は、真理の教え。義というのは、その意味。辞は、

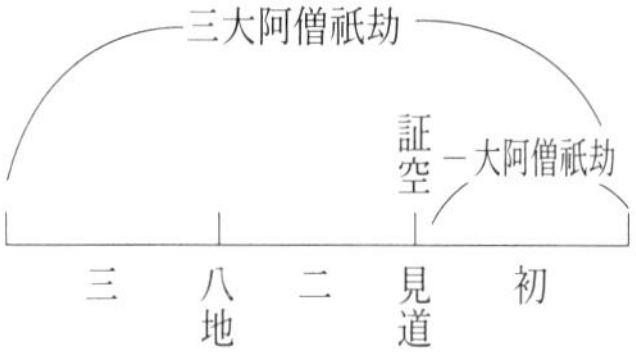

言葉。弁は、弁舌。そういう四つの項目が、自由自在に使われなければならないというのです。第九善慧地です。

見道までは、言葉というものは、約束ごとのもの、決して絶対のものではないということ、そういうことをいい続けてきます。見道で、言葉というものが、いかに約束ごとのものか、ということを持続しながら学んでいくのですが、見道の後もその延長でして、言葉というものは、やはり約束ごとにすぎない。

国境を越えたら通じないですものね。日本の国内でだけ通じる言葉で私たちは、ものを考えたり喋ったりしている。ところが知らず知らずのうちに今使っている日本語が、絶対化されてきて、日本語で考えていることが普遍的なものだと知らず知らずのうちに思い込んでいる節があります。しかし言葉は、約束ごとです。一つの名前についても何にしても。言葉は、絶対性を持ったものではないはずです。

菩薩もその修行を深めてきまして、第九地にきたとき、ここへきたときは自由自在に言葉が使えなければならないというんです。つまり言葉が非常に今度は積極的な肯定性をもって見直されていく。言葉は約束だ。言葉は物を表現できない。言葉では、真実は分からないといい続けてきながら、その言葉以外に何がおまえの思想を伝えるのか、何がおまえの判断を作るのか、という問い直しを開き直ってされてしまうと、言葉というものは、約束ごとだ、はかないものだ、むなしいものだというふうにばかり言っておられない。決してそうではないですね。菩薩は、第九地になった時には、転じて自由自在に法を説き得る。そういう力を具えるのだ。これは完全に言葉を肯定的に見ているといっていいところだと思います。唯識ではそれを四無礙解といいまして、言葉の絶対的・積極的な肯定であります。否定を肯定へ転ずるのであります。

教学というものは、言葉で表すということを前提とし、そして何を表すかといえば、それは、自己を表す以外の何ものでもない。自己とは何かという問いに答える何ものかです。それだけが言葉の持つ意味だという位置づけを唯識はしていく。

道元禅師の御著書の中でも、一面では、言葉というものが徹底的に否定されている。けれども一面では、言葉というものは積極的に、それこそが仏法であると、他に仏法はないといわれるわけです。道元禅師の思想と共に言葉の限界と、言葉の持つ重要な意味というものとが裏腹になっている。教学は、その言葉を通して自己参究をするのであります。

一乗《いちじょう》と三乗《さんじょう》

教学の中でもいろいろな教学がありますが、その中で唯識は三乗。あまり内容が高くないというんです。これは教相判釈《きょうそうはんじゃく》の欠点だと思うのですが、天台・華厳などの一乗仏教が深遠であって、唯識のような三乗仏教は、仏教の奥義を表すものではないというのですが、唯識は、厳然としてこの立場を取っていく。なぜかといいますと、一乗というのは、一つの普遍的な原理。観念体系といってしまうと少しいい過ぎかもしれませんが、一つの真理性、理の世界です。人間は、すべて平等である。そういう普遍性とか平等性。こういうものにしっかりと足を立てていくのが一乗仏教であります。

三乗仏教は、それに対して何をいおうとするのかといいますと、平等性ではなくて、区別性。あるいは個別性。個という存在を強調するんです。三乗というのは、いうまでもなく、声聞《しょうもん》・縁覚《えんがく》・菩薩でありますけれど、一乗仏教でいえば、皆平等。悉有仏性《しつうぶっしょう》、一切皆成仏《いっさいかいじょうぶつ》です。これはこれとして立派な意味を持っている。しかしちょっと踏み外しますと、正に本覚法門《ほんがくほうもん》になるわけでして、そういう普遍性というものが、一乗仏教の使命です。

それに対して三乗仏教は区別、人間というのは、能力や才能が違うじゃないか、個性が違うじゃないか。そういう違いというものをいきなり平等性とか普遍性で、くくってしまっていいのか、ということを三乗仏教はいおうとするんです。

平等な世界と、個別の世界を見た場合に、三乗は、個別の立場に立つ。しかもその三乗の中で、極めて個別的な、一人一人の能力の違いという意味です。そういう極めて個別的性格に着眼した仏教が、これが唯識であります。

成唯識論《じょうゆいしきろん》の唯識

——人間の現実の直視——

唯識の中でも空の世界に近い唯識と、有に近い唯識と二つあるのですが、その唯識の流れの中でも、法相《ほっそう》唯識は有に最も近い仏教であります。つまりテキストでいきますと、成唯識論に基づく唯識。これが中国から日本へ奈良時代に入ってきます。そして、日本で今日まで、伝統的に引き継がれて来ているという唯識の中の一つの流れです。これが日本の唯識の中心でありました。明治以降にチベットの唯識研究とか、サンスクリットの唯識研究が入ってきまして、それによって、この成唯識論の唯識がすべてではないということが明らかになったわけですけれども、そこまでは、少なくとも唯識といえば、成唯識論の唯識と考えるのが常識でありました。そしてそれは何かというと、差別性とか個別性というような、人間の個々の存在の違いというものにスポットを当てる唯識でございます。非常に現実的なんです。普遍的な真理の世界というものを背後に置きながらでありますけれども、終始現実の人間を客観化し、組織化して説き続けてきた。人間を求め続けてきた。これが、成唯識論の唯識であります。つまり普遍性、平等性の思想から見ていきますと、三乗というのは、理《り》ではなくて、事《じ》です。事に厳然と立つ唯識です。人間の事実の世界にしっかりと足を立てていこうとするのが、成唯識論の唯識であります。

そして、高祖さんもまたそうであったかと。極めて現実というものに、強く足を立てておられるのが道元禅師であります。

現実の事実の世界にしっかりと目を注いでいく、というのが唯識の特徴ですが、道元禅師も、その線は同じだといってよいと思っています。一乗仏教と三乗仏教だから違うんじゃないかと思っておりましたが、違わない。道元禅師の思想の骨組みというものは、この最も現実的な法相唯識、成唯識論の骨組みと重なりあう部分が多いのです。

永平広録《こうろく》の中の言葉ですが、圜悟《えんご》禅師は、生死去来《しょうじこらい》は真実人体《しんじつにんたい》と説く。南泉《なんせん》和尚は、生死去来はこれ真実体と説く。趙州《じょうしゅう》は、生死去来はこれ真実人と説く。長沙《ちょうしゃ》は、生死去来は、これ諸仏の実体と説く。先哲の言葉を四つあげられまして、さてもしこれ興聖《こうしょう》ならば、何とおっしゃるのか。生死去来これ生死去来といってのけられるんです。つまり、先の四人の祖師方は、生死去来というこの現実というものを何らかの意味づけをすることによって尊いものだと、神聖なものだと見ようとしておられるわけです。生死去来のこの人生こそ真実人体じゃないか。それ以外にどこに真実があるのだと、真実人体をイコール生死去来と結びつけて考えておられる。これは、まず普通当たり前でしょうね。ところが、道元禅師は、興聖は、然らずとおっしゃる。もしこれ興聖ならば、生死去来は、生死去来だ。胸のすくような現実の受けとめではありませんか。生死去来にいろいろな理屈をつけて、そして、それを神聖化しようとなさっている。そういうものをここで高祖さんは、切っておられる。生死去来は生死去来じゃないか。それをすぐに真実人体だとか、仏性などといって慌てるな。生死去来の人間は、生死去来だ。そこをまず押さえなければいけないんじゃないか。これは、人間の現実の直視以外の何ものでもありません。こういう言葉をバサッとだしてきておられるのですから素晴らしい現実直視だと思うのです。

圜悟	—	生死去来	真実人体
南泉	—	生死去来	是真実体
趙州	—	生死去来	是真実人
長沙	—	生死去来	是諸仏実体
若是興聖	—	生死去来	是生死去来

身	不浄	皮袋
受	苦	鉢盂
心	無常	墻壁瓦礫
法	無我	張翁喫酒、李翁酔

『永平広録』

もう一つは、四念処観。四念処は身受心法《しんじゅしんぼう》というお釈迦さまの教えです。身体は不浄である。受は苦である。心は、無常である。法は無我であると、阿含の仏典の中にはでてくるわけです。これはお釈迦さまの教え。ところが高祖さんは、それをそのまま繰り返されませんで、身というのは、皮袋である。受というのは、鉢盂《ほう》である。心というのは墻壁瓦礫《しょうへきがりゃく》である。法というのは、張翁《ちょうおう》酒を喫し、李翁《りおう》酔う。というのが、身受心法の答えだ。これも見事だと思われませんか。

　不浄とか、苦とか、無常とか、無我というのは、やはり抽象的観念です。抽象的観念で説明をしている。それに対して高祖さんは、身体というのは、皮袋である。受は食器です。心は無常だ。それに対して心は墻壁瓦礫だ。我々の周囲に一杯あるその現実的な物の世界だ。法は、無我だ。これも理論化している。それに対して、張翁酒を飲み、李翁酔うと。無我仲のいい友達が、さしつさされつしてお酒を楽しんでいる。それが法ではないのか。無我の法だとか、無常の法だとかという理論的な高めというものを、いずれはしなければならないかもしれませんが、最初からそういう先入観を持たないで、現実の生きた人間が、どんな生活の中で仏法と触れているのか、どのような姿で、現実に仏法というものを語っているのか、それが、この言葉だと思います。道元禅師は、現実というものにピタッと足をつけておられた。中国の祖師方が、真実人体という言葉で意味づけしようとされるのを、高祖さんは、取られないで、現実は、現実。現実の姿を具体的な相《そう》で示しておられる。

　そこで、成唯識論の方へ帰っていただきますと、成唯識論がねらったものもまた、その現実なんです。現実の事実です。

　ご承知のように、三論や天台教学では、空假中《くうげちゅう》の三諦《さんたい》といいまして、一切法を空假中という三つの項目でまとめていきます。唯識の場合には、有《う》・空《くう》・中というふうにまとめます。ところが、これを見ていまして、何となく、有空中という分け方が、観念的に感じられて、これでいいのかな、これ以外の表現はないのかと思っておりました。

ある時、成唯識論を読んでおりましたら、「有と無と有の故」にという言葉に出合ったのです。有と無と有の故にということは、有から離れていないということです。現実の世界に私どもが生きている。その有、その有の世界は、無の世界以外にない。それこそが人生。そこにこそ人生のすべてがあるのではないか。有と無と有の故にです。ここで、空や中という理論化をしないで、再び有に帰ってくる。道元禅師が張翁酒を飲んで、李翁酔うというような表現をされるような、友達同士が、さしつさされつしながら、酒を楽しんで飲むという現実の姿の中に実は仏法はある。それをすぐに意味づけしようとしないで、現実の世界をまず押さえた上で、そこから何か道を見つけるべきではないのか。唯識ではそれを有・無・有という位置づけでとらえていく。これが法相唯識の特徴でございます。

三乗仏教である唯識と、道元禅師の思想とは、まったく相いれない。もちろん、一乗が高級でありまして、三乗は程度が低いという位置づけに立って、まったく別物であるというのが普通でございました。ところが、そういう有と無と有の故にというような、チラッとした表現の中に実は唯識というのが、道元禅師の有の世界、現実の世界、この父母所生の身体の中に仏道というものを見ようとする。焦って価値づけや意義づけをしないで、そのままの自己というものに、まず対面しなければならないということを、道元禅師がおっしゃるのと同じような意味において、唯識も、有と無と有の故にという表現を通して、それを表現している。これを初めて気がついた時には、非常に感動しました。唯識といいますと、皆さんは、多分、学問仏教だとか、理論仏教だとか、まあ禅とは直接関係ないというふうに思っておられる。私もそう思っていたんです。そう思いながら、なんかそれでは収まらない。他の所を読んでみると、成唯識は、現実の自己というものに、非常に、まともにぶつかっているんです。その時、これに出くわしまして、アッ、やはりそうであったか。唯識も現実というものにピタッと焦点を合わせていたということに気がついて、大変感動したんでございます。

それでは、唯識は、その現実の自己というものをどのように分析していくのか。

唯識の三つの柱（心識論《しんしきろん》・三性論《さんしょうろん》・修行論《しゅぎょうろん》）

——心の分析、現実の自己の分析——

唯識は、いくつかの角度を持つわけですが、その中の一番中心になるのは、心の分析です。つまり生物としての対象でもありませんし、神に造られたものとしての人間でもありませんし、現実に毎日、飲んだり食ったり排泄したりしている自己をとらえる。それは、心と呼ぶ領域を通して、とらえられていくのではないか。唯識はそう考えたわけです。

唯識では、心を心王《しんのう》と心所《しんじょ》に分けます。心王とは、心の主体的な一面。心所というのは、心の作用です。心王、心の主体的な一面は、これは八つある。それから、心の具体的働きというのは、五十一あるというふうに分析してまいります。これに基づきながら唯識が、いかに現実の自己をとらえようとしたかということを申し上げたいと思います。

唯識という仏教は、大きく分けると三つになります。心識論・三性論・修行論、だいたいこの三つに分けます。

心識論というのは、今流のいい方をしますと、心理学です。心のことわり、心理分析をするところです。唯識の本の中でも、心識論より三性論に力をかける本と、心識論に力をかける本とあるんですが、成唯識論は、心識論に非常に大きな力をかけていきます。

三性論というのは、遍計所執性《へんげしょしゅうしょう》、依他起性《えたきしょう》、円成実性《えんじょうじっしょう》。これを普通三性論といいます。心識論にならんで、これも人間の現実の様子を分析するものですが、今回は、括弧に入れます。そして、もう一つ我々が一番関心を持つのは、修行論であります。

心識論（心王《しんのう》・心所《しんじょ》）

　心識論、その第一が、心王論です。心の主体的な一面。見る角度やとらえ方の言葉は違いますが、要するに自己の問題。本当は客観化できないものをあえて客観化して、人間の心はこういう構造だということを説くところであります。

　心理分析の特徴として、第一は、現実を直視する。観念とか、理念というものにスッとすり替えないで、現実の人間、食って、飲んで、排泄をして生きている人間。それを客観的にとらえようとするのが唯識の一つの最大の特徴であります。

　第二は、深層意識《しんそういしき》の分析と組織化。これが唯識の一番目立つところです。第六番目の意識と、第七番目の末那識《まなしき》との間に大きな線があります。第八番目は、深い自己です。ここに一つ線が入ります。この前の五つは、感覚です。感覚機能。第六番目が、いわゆる第六意識。これが、知・情・意の働きをする。第七番目と、第八番目は、これから詳しく見るわけですが、深層の心です。六番から上の方は、深層に対していいますれば、表の心、表層の心です。こう見ていくわけですが、深層意識を位置づけたというのが第七番目と、第

心　王

自己	1 眼識（視角）	第三能変
	2 耳識（聴覚）	第三能変
	3 鼻識（嗅覚）	第三能変
	4 舌識（味覚）	第三能変
	5 身識（触覚）	第三能変
	6 意識（知・情・意）	第三能変
	7 末那識（我執・有所得の根源）	第二能変
	8 阿頼耶識（素質・能力・経験の貯蔵）	初能変

八番目の二つです。般若心経は、第六番目までで終わっています。眼耳鼻舌身意で終わっています。唯識がそれに付け加えてきたのが第七識と、第八識。これは深層の心であって、不可知である。不可知ということは、まったく知ることができないのではありません。ある程度は知ることができるけれど、隅から隅までくまなく知ることはできない。そういう意味の不可知です。

どういうことかといいますと、人間の心の中に自分で自覚できる心もありますが、それを超越したもう一つ深い心があるということは、話を聞けば分かるんです。なるほどそういう心があるんだろうなと。そういう意味では、不可知ではないんです。問題はその中に何が隠れているのか、何が潜んでいるのかということを尋ねてみると、これこれが潜んでいるとはいえない。いえる部分もあるけれどいえない部分もたくさんある。そういう意味で不可知といいます。

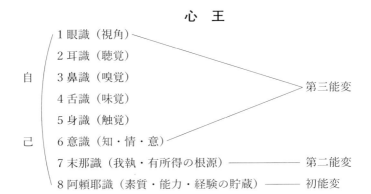

第七番目と、第八番目が不可知の心でありますので、八分の二が深層の意識だということになります。第八識、阿頼耶識《あらやしき》に初能変《しょのうへん》。第七識、末那識に第二能変。残りの六つに対して第三能変というふうに三つの位に分けます。三つに分けた方でいいますと、三分の二は、不可知である。理解することのできない深い人間の心である。こういっていることになります。そうすると、自己を求めるというようなときに第三能変までの自己ではもちろん不十分であります。それを越えたもっと深い世界に人間は、いろいろな自己を背負っているといいだすのが唯識ですが、それが三分の二だというんです。我々が自分だと思っているのは、第三能変でありますから、三分の一にしか過ぎないという位置づけを唯識はしたわけであります。

ヨーロッパでこの深層心理に気がついたのは二十世紀です。フロイトが初めてだといいますが、精神病の患者の診察をしていくうえで、人間というのは、自分では気がつかないところに深い傷を持っている。成長の過程の中で傷を持っている。その傷が原因となって、いろいろな精神の障害が発生するというようなことで、フロイトが、人間の中にそういう深い深層の世界というものを位置づけてきたといわれます。古いからいいというものではありませんが、唯識は、四世紀から五世紀頃にかけて、その頃にすでに、人間の意識の中にある不可知の暗闇の世界というものを位置づけて、それを人間論の中に組み込んでいる。

人間観察の深さ。第六意識まではどうしても解決のできない人間の深さというものを、四世紀から五世紀という時代の中で、位置づけてきた。これは非常に素晴らしい功績であったと思います。

第八番目、阿頼耶識が初能変。第七番、末那識を第二能変、第六番目より上を第三能変と、番号が降りてくる方と上がる方とがあります。それはなぜかというと、能変という人間の心のとらえ方がそういう呼び方をさせる。初能変というのは、不可知の第八番目の阿頼耶識がまず最初に、能動的に変えていくというので、初能変。末那識は、その上に、第二番目として能動的に変えていく働きがある。その上が第三能変、我々の知・情・意の活動が行われるわけですが、そこでまた能動的に変えられていく。つまり、人間の心の世界は非常に深いものを持っているが、それが、その人の人格を変えていく。人格と共にその人の世界を変えていく。人格を変えていく、世界を変えていくということを表わそうとして能変という言葉を使います。

サンスクリットの意味では、能動的という意味は少ないので、これは能ではなくて、転変というふうに翻訳すべきであったと、そっちの方が、サンスクリットの原意により近いのではないかと学者の間ではいわれたこともありましたが、玄奘《げんじょう》三蔵はこれを取らないで、能変という言葉を使われた。それは何かというと、我々の中にある深層領域というものが、その人の人格形成を変えていく。その人の世界を変えていく。そういう働きがものすごく強いと見たわけです。ですから能動的に変えていく。第二能変のところでは、利己性が人格とその境遇を変える。さらに第六識で変えられ、前五識で変えられていく。三段階に我々は、自分と自分の世界を変えながら生きていくというふうに見たわけです。

阿頼耶識

――人間の深み、人格が変わる、世界が変わる――

　阿頼耶識について、細かに申し上げていきたいと思いますが、阿頼耶というのは、蔵《ぞう》。物を蓄えるところから、蔵識《ぞうしき》といいます。阿頼耶という言葉が、蔵識、物を蓄《たくわ》える心だというんです。我々が経験をします。いろいろな経験をしますと、その経験がすべて阿頼耶識に残るというんです。それで蔵識という。ヒマーラヤのアーラヤです。ヒマというのは、雪という意味。アーラヤというのは、蓄える。ですから、ヒマーラヤというのは、雪を蓄える山、いい言葉です。それで、そこに何を蓄えていくのかといいますと、種を残していくんです。唯識ではそれを種子《しゅうじ》と呼びますが、種子を残していく。第八、阿頼耶識という、人間の一番根底に我々が経験したことを残していく。私達は、種子という言葉を使うと、胡麻粒《ごまつぶ》のような種を連想するんですが、そうではありませんで、これは一つの力、人格の力です。それを阿頼耶識に残していく。それで、何が残っているか自分でも分からない。それが何かの縁に触れますと、その中の種がでてくるんです。それを唯識では、現行《げんぎょう》といいます。現実の動くものです。現行が起きますと、ここで一つの具体的な行為があるわけですが、その行為がありますと、それがまたかならず即座に、阿頼耶識の中に、種子を止《とど》めていく、これを熏習《くんじゅう》といいます。

熏習というのは字を並べますと、学習というのとよく似た漢字ですが、学習と熏習とは違うんです。熏習というのは、薫りが衣に染みこむように人格に浸透していく。それが熏習です。したがって、学習も含まれるんです。学習をして我々は、いろいろなものを学びます。学習も含まれますが、熏習の場合には、もっと広く、たとえば、数字化できないものとか、はっきりと定義ができないものとか、そういうものも、止めていく。それを熏習という。

数年前ですが、ある都市で中学・高校の先生方の講習会がありまして、そこで、唯識の話をしろというので行きました。それで、熏習というのは、学習なんだけれども、学習は、合理的に計画的にきちんと能率が上がるように学んでいく。熏習は、そうではなくて、計画的にしたものも学んでいきますけれど、予想もしなかったものもちゃんと力を残していくんだという話をしたんです。そうしましたら後で、一人の高校の校長先生が、部屋にこられまして今日は、非常にショッキングな話を聞きました。私どもは、教育者です。きちんと計画を立て、カリキュラムを立てて、少しでも効果の上がるように生徒を指導しております。それでいいんだと思っていた。ところが今日のお話を聞くと、熏習というのは、それを超えたものも記憶するということのようで、そうとすれば、私たちはもう一度基本に立ち返って、教育とは何かということを考えざるをえません。そういう意味で、非常にショッキングでしたと話されました。

これは、仏道です。合理的に理解をして、効果的に、記憶をしていくということが、もちろん人格を形成してまいりますけれども、人格の形成には、それ以外の要素がたくさんあるということなんです。人間が感じたこと考えたこと、それがことごとくすべて阿頼耶識の中に熏習されていくというい方をしてまいります。だからお寺をきれいにする、庭を清めておく、というようなことが、実は意義があるんです。

仏教のお話を聞きに来るんですから仏教の話さえしておけばいいというわけにはいかない。お寺がいかにきれいにされているか、道具がきちっと整理されているか、そういうようなものを見る。そういうものは、仏教とは何も関係ないんです。関係ないけれど、そのことが、仏教を勉強に来た人、あるいは、坐禅をしに来た人に何かの感銘を与えていく。そして、必ず熏習されていく。それは、理屈で覚えた以外のものをちゃんと身につけていくことを意味するわけです。

新宿で、唯識を一般の方に紹介しておりまして、非常に熱心に通ってこられる方が多いのですが、その方たちの中に、奈良のお寺で聞きたいとおっしゃる方があります。同じ講義しかしないですよ、だから東京で聞いたら奈良まで行かれることはないのです。そういうんですけど、行くという方がある。鉄筋ビルの中の教室での唯識と、お寺の中でお経を読んでお線香を上げて、そうして聞く唯識とは、違うとおっしゃるのです。中身は同じ、話している内容は同じ。けれども、そこにあるお寺の雰囲気とか、その時のお香の薫りとか、説明のつかないようなものが、それが絡み合って、そしてそれが、人格の中に受け入れられて、それが人格形成というものをしとげていく。ですから、仏教の理屈ではなくて、我々のちょっとした、行動のとり方とか、法堂《はっとう》における所作とか、というものが実は、熏習という理論から見ていきますと、非常に大きな意味を持ってくる。一挙手一投足が仏法を語っているということになると思います。行仏威儀《ぎょうぶついいぎ》です。そういう意味で、熏習というのは、人格形成にとって非常に大事な一面であると同時に、非常にいい表現です。においが、いつの間にか衣に染み込むように。

皆さん方が、朝課の時につけられる法衣や袈裟には、ちゃんとお香の薫りが染み込んでおりますもんね。あれです。毎日草を取ってきれいにしてあるその庭にポッと、檀家の人が入ってこられたのと、掃除もろくすっぽしていない所にこられた場合と、仏教とは関係ないと思いますけれども、そうではない。その時に、言葉にはならないけれども、感覚的に感じられた檀家の人の心が、檀家の人の人格形成にちゃんと跡を残している。それが、熏習です。

阿頼耶識というのは、そういう熏習を蓄積し、それを持ち続けていく。阿頼耶識に何を熏習しているかによって、そこから現れる世界が変わってくる。人格も変わってくるし、その人の世界も変わってくる。人格が変わってくるというのは分かるのですが、世界が変わるというのは、なかなか分かりにくいことがあります。考えてみると我々が、物を見たり聞いたりするという時に、自分の主観が非常に大きな意味を持っていると思われませんか。認識ということは我々普段はあまり考えませんが、その人の主観、あるいは能力というようなものがこの世界を変えていく。ここに黒板がある。だから我々は目を開きさえすれば、だれでも同じ黒板を見ることができる。こう思っています。ところが仏教は、そうではない。おまえの見ている黒板は、おまえの人格と無関係なものではない。だれもが、同じ黒板を見ているのではなく、一人一人が別々の黒板を見ている。別々のというのは何かというと、ため込んでいる種子が皆違うから。だからそれぞれ違った黒板を見ていく。こういうんです。

知り合いに、中学から高校に進みます時に、身体をこわしましてとうとう高校へ行けない。何年か遅れてようやく、高校へ入った人がいます。その時、その人がいっておられましたが、何歳か年下の人たちと、同じに席を並べて初めて高校の教室に入った時に、私は黒板を見ただけで涙が流れてどうすることもできませんでした。行きたくて行きたくて仕方なかったのに病気のために行けなかった。その思いがやっと達せられて、高校の教室に入って、黒板を見た時に涙が流れた。

この話はよく学生さんにするんです。その人の見ている黒板と、君達の見ている黒板と同じだといえるかっていうんです。だって君達は、黒板を見たって泣かないじゃないか。涙が出ないじゃないか。涙を流すというのは、なまはんかに出るもんじゃないです。ということは、その人の見ている黒板と、我々の見ている黒板とは違うということなんです。何が違うのか、それは、阿頼耶識にため込まれた、種子の違いなんです。その人が何を蓄積してきているのか、何を阿頼耶識に保存しているのかによって、見る外の世界が変わってくる。これが唯識の見た大事な一項目です。三界唯心《さんがいゆいしん》です。

眼蔵の三界唯心は、次元の高いもの。心という字が、もっと高い、仏性とか真如というものに近い心ですので、唯識のいう三界唯心と宗乗の三界唯心とは、イコールではありません。イコールではありませんが、三界唯心という言葉の中にある一つの意味。すべての世界というものは、外に物があってそれを見ているのではなくて、我々自身の心が、私の人格の主体的一面というものが、それが表に現れてくる。

長い間あこがれ続けた高校の黒板は、長い間あこがれ続けた人にとっては、涙の出るような黒板として見えてくるわけです。だから同じ黒板を見ていると思っていますけれども、中身が違う。

インドに参りますと、ガンジス川の沐浴の風景が見られます。あれを見ますと、冬の寒い時にでも朝早く起きて、水につかって、口をゆすいで、そして身体を清めて、太陽の昇るのを待って、そこで太陽を拝んで、自分の罪を清める。あれがインドの人達にとっては、無上の理想なんだそうです。ところが日本人が見ますと、あのガンジス川の水は濁っているんです。ガンジス川はどこでも全部濁っているわけではありません。場所によっては非常にきれいなガンジス川があるんですが、沐浴場に使われている所は、有名であればあるほど、濁っています。私なんか、とても口に含んでうがいをする気にはなりません。手を洗うのでも何となくためらわれます。ところがインドの人には、ガンジス川は神聖なる川なんです。それを子供の時から叩きこまれるんです。ですからインド人にとっては、聖《せい》なる川ガンジスというのはどこまでも神聖です。そうすると、あの水はいったい神聖なのか、濁った水なのか。

ガンジス川の神聖視というのは非常に深いようで、汽車とかバスでガンジス川を渡りますと、何名かの人は手を合わせて祈るそうです。やはり、それだけ神聖な水なんです。眺めているガンジスの水は一つでありますのに、我々日本人から見れば、濁った水としか見えない。インドの人にとって見れば、どんなに濁っていようと、神聖な水である。そうするとそれは、ガンジスの水が変わるのではなく、それを見ていく主観の側が変わっているのです。阿頼耶識がいかにあるか、阿頼耶識にどのような種子を蓄積しているのかということが、それがその人の見る世界まで変えているわけです。

人格が変わってくる。いいことを積み重ねていけば、当然善人としての性質の強い人間に形成されていくでしょう。それにつれて、世界が変わっていく。その人の住んでいる世界自身が変わっていくということは、普段あまり考えない。ところがそれは、唯識では一つの重要な問題でして、変わっていくんです。しかもそれは、無意識だというんです。無意識に変わりますので、それを因縁変《いんねんぺん》といいます。ガンジス川が神聖に見えるというのは、インドの人が努力をしてきれいに見ようとしているのではないのです。その人の中に浸透している文化が、インドの長い文化が、きれいな水であろうと、濁った水であろうと、ガンジス川の水は神聖な水という見方を可能にするわけです。ですから、三界はすべて、その見る人の状態によって変わってきます。

中学の英語の時間に鶏の鳴き声を、クックァドゥドゥルドゥと教わりました。本当にそう鳴いているだろうかと思って、ヨーロッパに旅行した時それを聞いて確かめてやろうと思って行ったんです。

観光旅行というのは、都会ばかりしか歩きませんので、なかなか鶏に出会えませんでした。ところがロンドンで、これは公園の中で飼っているのか、野生なのか知りませんが、鶏がいまして、それが鳴いたんです。そしたら、クックァドゥドゥルドゥなんて鳴きはしないですよ、コケコッコーと鳴いてるんです。なんだあいつ日本語で鳴いているじゃないか。ドイツでは、キキリッキーと、鳴くといわれるそうです。ドイツ人には、キキリッキーと聞こえるんです。日本人には、コケコッコーと聞こえる。イギリス人には、クックァドゥドゥルドゥと聞こえる。鶏の鳴き声という単純な擬声語にすぎない、一つの音です。その単調極まりない音が、その人の持つ文化によって、あるいは言葉によって、変わって聞こえてくるんです。犬の鳴き声でも、英語では、バァウバァウです。日本では、ワンワンです。

この前、狂言に犬がでてきまして、鳴くんです。この犬が、なんと鳴くのかと思いまして気をつけておりますと、おもしろかったですが、ビョービョーと鳴くんです。狂言の中で犬が鳴くときは、ビョービョーと鳴く。そうすると日本の犬が、ワンワンと鳴きだしたのはいつからであろうか、これ研究論文の一つぐらい書けそうです。

擬声語《ぎせいご》というのは、極めて単純な、意味もなんにもない語ですけれども、その意味もなんにもない単純極まりない音が、ちゃんとその人のため込んでいる文化の違いによって、変わって聞こえているんです。能変です。能動的に変えている。

鶏の鳴き声や犬の鳴き声ならどう変わっても結構でありますけれども、仏道はどうなのか。私どもが、仏道を参究しますときに、我々の背負っている文化に基づいて、そこに一つの能動的変化を加えているのではないかという反省です。

道元禅師は「私曲を存せず」とおっしゃいます。私に曲げてしまうんです。私曲を存せずということがこれが容易なことではない。どこまでできるのか。唯識では、最終的にどこまでいっても汝は、汝の主観から離れられないといいます。仏さまと出会うのも、それも唯識では、自分の心で出会う。仏さまに出会うのも、自分の心で出会う。

思量を捨てろ、思量を捨てて、自分の計らいを捨てろ。それによって我々は仏道に触れうると思っていますけれども、唯識は、いや、まだだめだ。汝の心の中には、まだまだ強い主観性が潜んでいるじゃないか。主観で見ながら、本物を見たつもりになっていないか。私曲を存せず、いや私は、お釈迦さまの教えをそんなに手前勝手に見たりしてません。ただひたすら無我に徹して、お釈迦さまの教えを学んでいます。その心意気は立派ですが、現実的には、我々は、自分のため込んだ文化を、脱することができないで自分の中にある価値観を踏まえて見ている。

悟りを求めないとか、ただひたすら坐れという言葉の中に、個人の人間の計らい、思い、希望というようなものを捨てて坐る。それが、恐らく只管打坐《しかんたざ》だと思いますが、容易なことではない。ちょっと坐ってみて、分かったようなことをいってはいけないんじゃないかなと思います。ひたすら、只管打坐が続けられるそういう境地になったときに、どこまでその自己というものが清らかな只管打坐になりえているか。どこまでもどこまでもその主観の働きというものが、くっついてくると見るわけです。それを唯識では、万法唯識《まんぼうゆいしき》といいます。諸法不離識《しょほうふりしき》ともいいます。

この前、小さなパンフレットですが、ある人が送って下さったパンフレットの中に、お医者さんの投稿がありまして、こういうことを書いておられた。お医者さんの会合で、月に一回ずつ集まって、親睦を深める。その会のとき、あるいたずらなお医者さんが、溲瓶《しびん》を買ってきまして、その新しい溲瓶を消毒して、その中にビールをいれてテーブルの上にだした。そうしたらだれも手をつけない。溲瓶は、新しい溲瓶で消毒してありますから一つも汚くはないんです。ところが、その中にビールが入っていると、泡がたっている。お医者さんは、毎日毎日そういう状態をよく見ているわけです。ですから、ビールとは見えないで、別のものを連想してしまう。最後まで、何人かは口をつけずに帰ったということを書いておられる随筆がありました。

これなんかも、溲瓶というものを見るときに、理屈で考えれば、消毒してありますし、新品ですから一つも汚いと思わない。けれども自分の生活の中からでてくる種子が生じてくる。現実の姿というのは、毎日毎日見ている病院の溲瓶になってしまう。こういう人間の認識には、実に微妙なところがあります。ですから、何をため込んでいくか、これが問題になってくるんです。

仏道は、無窮なりと正法眼蔵随聞記《ずいもんき》におっしゃいますけど、無窮なんで、こっちの人格というものが、もしもちょっとでも変わってくると、外の世界が変わってきてしまう。世界なんて変わるものか、ちゃんと黒板があるじゃないかと思いますけれどそうではなく、その人の心によって黒板も変えられていっている。それを能変というんであります。ですから、人格の中に何を蓄積していくか、それは、理屈じゃないんです。毎日の生活の中で、私どもは何を蓄積していくか、それが宿業《しゅくごう》であったり、業報《ごっぽう》であったりするわけです。もちろん宿善《しゅくぜん》もあります。過去に自分が積み重ねてきた、種子のその業の結実したものが、ただいまのその人であり、ただいまのその人の世界であります。

遠藤周作さんが、数年前になりますが、テレビで、河合隼雄さんと対談をなさっておられました。そのとき、いじめっ子の問題を河合さんが取り上げられた。遠藤周作さんが、いじめっ子の問題というのは、特別な子供の状態と思ってはいけないのではないか、実は私もいじめっ子の素質を持っている。子供のとき、小さな昆虫を捕まえて、殺した。それを今振り返ってみると、小さな弱い虫を殺しながら、一種の快感を感じていた。ということは、いつでも私は、いじめっ子になる可能性を持っているということではないだろうか、だから特別な家庭環境の子がそうなったり、特別な性質の子供がそうなるのではなく、人間だれしもいじめっ子になる可能性を秘めているのではないか。そこを押さえないで、いじめっ子の問題をどんなに議論しても、始まらないのじゃないのかということをおっしゃっていて、さすがに作家だと思います。人間の心というものをそのまま単刀直入に掘り下げて、そして、そのまま自分の中に同じ可能性を発見する。私たちは悪いことをした子供を批判するときに、自分は善人だという暗黙の前提に立っていることがあるのではないでしょうか。私はしないよ、私はしないけれど、それはよくないよと。

人間の深みというものを唯識は、阿頼耶識という言葉でとらえまして、我々の中に何が潜んでいるか分からない、そして、それが人格を変え、世界を変えている。したがって、我々の修行というものが、決して単純なことで解決のつくようなものでもないし、自分の中にどのような自分が潜んでいるかということについても省察を欠かしてはならないし、そういう自分の人格が、自分の世界を作っていることも忘れてはならない。そういうことをいうのだろうと思います。

今は能変ということについて申し上げてきたのですが、阿頼耶識についてもう一つ申し上げておかなければならないことがあります。

阿頼耶識の三つの構造

――自相・果相・因相、時間の流れ――

それは、阿頼耶識の構造を三つに分ける見方です。そのものの、本来的性質、一番中心となる性質というのを自相《じそう》といいます。それを能蔵《のうぞう》、所蔵《しょぞう》、執蔵《しゅうぞう》と分けております。能蔵、所蔵の関係は、種子が送り込まれてくるとそれを受け止めていく。これが能蔵。所蔵というのは、この現実の人間の行為というものを能動としますと、それを受け入れていく、人間の行動を受け止めていくというような一面であります。一言でいえば、この能蔵、所蔵というのは、種子から現実が現れてくる。その現実は種子をちゃんと残していく。こういう循環の構造です。言葉を変えると人間の経験の構造といいましょうか。自分の持っている、蓄積をしているものから現実の行動が現れてくる。その現実の行動は即座に種を残していく。その種は縁に触れるとまた芽を出してくる。こういう循環が、能蔵、所蔵という関係であります。したがって経験の構造のところで、我々は自分の人格を変える。世界も変えるわけですが、自分の人格を変えるということが残されている。こういう循環する活動の中で、どのような種子に縁を持たせるか、どのような種子を現実の上に現してくるのか。これは不可知の世界ですから自由にはならないです。自由にはならないがそれは努力をすれば何らかの意味で、この循環というものを変えていくことができると、こう考えます。

執蔵というのは、執着の対象になるということでありますが、別の問題になりますので、経験の構造のところだけ申し上げておきます。

経験を豊かにしていく。それが、種子という言葉で表されるように種として残っていく。何を残すかによって変わってくる。世界も変わってくる。これが阿頼耶識の自相でありま す。

それに対して阿頼耶識には、果相《かそう》というのがあり、因相《いんそう》というのがある。つまり最も特徴の大きいのが自相。果相というのは何かというと、過去の結果としての自己という一面です。つまり、阿頼耶識というのは、具体的にはこうして生存しているわけですが、それは、過去を背負っている。過去を背負って、阿頼耶識というのは、現在の今、動いている。その過去の結果という意味で果相という。今度は、現在の私の阿頼耶識の中に未来を生み出す力がある。それが因相である。その未来を生み出す力が将来の私を作っていくというのが、因相であります。自相、果相、因相です。そういう時間の流れの中でとらえるわけです。

果相を強調しますと、我々は過去の自己の行為の結果を背負って、生きるしかありません。つまり、過去の支配というものが、非常に強くなります。過去の支配を逃れることができない。それが果相です。

未来の自己というのは、今日の自己からのみ生れてくる。それを因相という。果相がもし強い力で、現在の私を支配しているとしますと、因相というのは結局、果相を延長するだけで、過去の支配を脱することはできない。いわゆる、運命論のようなものになってい かざるをえないわけです。そこで唯識は、それではだめだ。どこかに過去の支配を切り捨てて自己を転換させる構造というものが必要なのではないか。それが、能蔵、所蔵という関係、自分の持つ種から現実の人間が現れると同時に、その現実の私たちの行為が、一つの種子を蓄積していくというこの循環の構造。ここに人間を変えるポイントがあるわけです。

過去の私を切り捨てない。このあたりなんかも、現実の人間というものを見たときには、過去を切断された時には、人間はもう人格が崩壊してしまっている。記憶喪失症がそうです。記憶喪失症になると、自分の名前も分からない、奥さんの区別もつかない。そうすると、記憶喪失症にかかった患者自身が、非常に不安になるといいます。おどおどして自分の生活ができなくなる。やはり、過去を背負った人間というものが、人間の現実の姿です。

『而今《にこん》』という道元禅師の非常に次元の高い言葉によって、現在というものが高次元な内容を持たされて、とらえられます。それはそれで間違いではないしその通りなんです。しかしうっかりすると過去の問題なんか切り捨てられた人間というものが、ありうると思ってはいませんでしょうか。どんなに過去を切断しても、過去を背負った自己というものは、そこに実存している。それは、現実の人間というものを見た場合に、否定できないのではないかと思うんです。

過去の集積が今。ですから今というのしかありませんから過去も実在しませんし、未来も実在しません。けれども今の自分を見たとき、過去を無条件に切断してしまって、太田という人格があり得るのか。唯識は切れないというのです。背負っていくしかないというわけです。それではそれが絶対的な支配権を持っているのかというと、それが能蔵、所蔵という経験の構造のところで、そこで転換させられる。過去の支配下にある私が、今日只今の命の中で、ここで経験を重ねていくんです。その時に、その経験の構造に従いながら、何を経験するのかということによって、過去の結果としての自己が阿頼耶識で変わる。一八〇度変わることもあるということではないのか。阿頼耶識で自己というものが変わってきてその変わった自己が、原因になるわけですから、明日の自己というものが、過去の支配を背負いながら、しかも過去の支配から脱していくというとらえ方をしている。

これは実に巧妙な説明だと思います。過去は切り捨てられない。しかし、それは未来までは及ばない。私どもが今日ただいま何をするかということで、明日の自己というものが変わってくる。その可能性がこういう経験の構造の中にちゃんと隠してあると思うのでありまず。これが阿頼耶識の一つの大きな意味であります。

第六意識

――自己浄化のスタート地点――

――自己が変わっていく（転依＝証り）――

それでは、何が経験を変えていくのか。こういう私の中で、経験を変えていくのは何が変えていくのか。これが阿頼耶識の中の何かではなくて、第六意識。第六意識が変えていくというのです。第六意識というのは、第七識、第八識の心と違って表の心です。これは、自覚のできる心なんです。自分で自分を知ることのできる心。第七識、第八識になると自分で知ろうとしてもなかなか知り得ない自己です。第六意識は自分で知ろうと思えば知り得るといいます。経験の構造の中で、過去の支配を脱するような行為というものを私たちが、努力をして重ねていく。そこにはやはり努力が必要だと思いますが、その努力のきっかけとなるのはどの心かというと、唯識は、この第六意識だといいます。つまり自分で努力ができる。そういう問題を残していて、大変助かるといえば助かりますね。第八識が、支配をするのだといわれますと、自由になりません。第七番目もなかなか自由になりません。第六意識であれば、私どもが努力をすれば自覚ができるし、努力をすればそれを働かせることができる。つまり初発心もここから始まるんです。

ついでに申し上げておきますと、お塔婆に書きます、妙観察智《みょうかんざっち》というのは、第六意識が、智慧として働く場合です。言うまでもなく、第八識が、大円鏡智《だいえんきょうち》。第七識が平等性智《びょうどうしょうち》。前五識これが、成所作《じょうしょさ》智《ち》。これは第八識が清らかな智慧として生まれ変わっていく。第七末那識が、清らかな智慧と変わったもの。第六識が、清らかな智慧となったもの。前五識が、清らかな智慧として働き始めたところ。そのスタートが第六意識にあるということです。自分で何をするか、今日ただいま何をするか。循環の構造の中で自分は何を選んで、何をするかということが、経験の構造の中で許されていて、第六意識で、自己の転換、あるいは、自己の浄化というものが可能になる。

唯識では、証りのことを転依《てんね》といいます。非常にいい言葉で、好きですが、よりどころが転換していく。これを悟り、つまり、自己が変わっていくという意味で転依という。第六意識で変わっていく。過去を背負える自己が、今日ただいまの私の行為によって己れを変えていく。己れの世界を変えていくという構造である。しかし、そう簡単には変わらないぞと。これは、修行論の方に入っていきますが。先ほどいいました、見道のところで変わるのは、第六意識と第七識です。この二つが、見道で変わり始めるのです。しかし、成所作智と大円鏡智が本当に現れてくるのは、菩薩の修行が全部終わったあかつきに大円鏡智と成所作智が現れてくる。見道で、第六識と第七末那識が転換し始める。つまり仏道修行において、意識というのは、大きな意味を持っている。自覚のできる心で大きくそこに転換のチャンスというものが与えられている。これが、阿頼耶識の大事なところであります。

無《む》覆《ぶく》無《む》記《き》（阿頼耶識の人間観）

―現実の人間の根底は、善でも悪でもない 善にもなるし、悪にもなる―

もう一つ、阿頼耶識は、善なのか、悪なのか、きれいなのか、汚れているのかという問題があります。阿頼耶識は無覆無記といいます。

無記というのは、善にもあらず、悪にもあらず。非善、非悪です。その、非善非悪のどっちでもないものをさらに二つに分けます。少し汚れたのと、汚れていないのとあると考えます。無覆というのは、まったく汚れのない性質。善ではないんです。どちらでもないけれど、汚れのない、というのを無覆無記。それで、阿頼耶識は、無覆無記であるというい方をします。これは、現実の人間の一番の根底を、善悪どちらでもないと見ていることであります。人間の一番底は、善でも悪でもない。

どんなに善《よ》き行為を積み上げても、阿頼耶識は、無覆無記だ。どんなに悪いことを積み重ねてきても阿頼耶識は、無覆無記だ。こういうんです。それは、現実の人間の命というものを考えてみますと、この命自体というのは、善でも悪でもない。善にも生きうるし、悪にも生きえます。両方の可能性を持っています。

それは、たとえば、善いことを積み重ねてきますと命自体が善人になるんでしたら、人間がどこかで悪人に転落をしていくという可能性はないことになります。いいことを積み重ねてくれれば、善人になっていく。もしそうならば善人になった人間は、生涯善人であり得るのか。ところが、現実には、そうではありませんですね。年を取ってから転落して、あの人も十年前に死んでおったら皆からよくいわれたけどな、最後で味噌をつけたということがあります。逆に若い時には良くなかったけれど、長生きをして立派に成ったということもあります。人間がいいことを積み重ねていけば、善人になるという単純なものではないということです。善を重ねていけば善をする力は備わってくるんです。段々とその力は強くなってきます。けれども命それ自体は、無色だというんです。ですから、どんなにいいことを積み重ねてきても、転落の可能性はなくならない。どこででも転落できるということういっているんです。

逆に今度は、過去に悪いことをしてきた。過去に悪いことをしてきたらどうなるか。それがもし悪人になるのでしたら、その悪人は、永遠に善人に変わることができなくなる。悪いことをする力はたくさん持っています。それはためていきますから段々強くなっていきます。いきますけれど、人間の存在自体はやはり無色だ。ということは、過去に積み重ねてきた過ちが、許されている。毎時間毎時間、毎日毎日それが許されている。そういうことをいおうとするんです。過去に悪いことをして悪人のように思われる人間になっていても、どこかで経験の構造を変えていけば、過去の悪人であった人間が、現在というその時間の中で善き人間に変わりうる。同時に過去に悪いことをしてきたことが、許されている。だからいつも善人になろうと思えば、善人になれる。そういう人間の構造をまとめようとするわけです。

もしも人間が固定化されてしまうと、理論としては、そのほうがすっきりするんですが、現実の人間はそうではありません。長生きをして転落をしていく人もあるし、長生きをして益々円熟していく人もある。一面では、修行は一生のこと、一面では、過去に悪いことをしていても許されている。今おまえが何をどうするかということを考えれば、過去の罪は許される、という呼びかけと両方が含まれているのが、無覆無記という人間観だと思うんです。

現実の人間を見るときには、大いに参考になる見方のように思います。あるところでこの話をしましたら、七十過ぎの男性でしたが、普段はあまりそういうことを聞いたことのない方ですが、話の途中で、阿頼耶識は、無覆無記です。無色透明ですという話をしていましたら、急に手を挙げられて、私も無覆無記でしょうかと聞かれた。私は、話の勢いで何も考えないで、そうです。無記ですと答えたんです。そうしたらその方が、顔を覆って、そうして嗚咽というんですか、声をこらえようとして思わず漏れ出る。ありがとうございます、ありがとうございますといって泣かれた方がありました。やはり、無覆無記なんていうことを聞いても、そこまで応える人と、ふうんと、うわの空で通り過ぎてしまう人とあるんです。その人は過去に何かがあったんだと思います。ですから、それは無記になるんだぞと、今日只今のところでは、許されているんだぞ。あなたの態度によって、それは許されるんだぞということを聞くわけです。そういう過去を背負った人間が、現在のところで転換していく。それは、阿頼耶識が、無色だから、そういうことが可能なのでありま す。

末那識（有覆無記《うぶくむき》）

―有所得《うしょとく》の心の根源、無所得《むしょとく》の深さを感ずる―

心所論《しんじょろん》の話しの前に、末那識についてごく要点のようなところを申し上げたいと思います。それは、なぜかといいますと、末那識といいますのは、我執の心だといいますが、有所得の心の根源であります。無所得というのは、ものすごく深いのだということを指摘するのが、唯識では、末那識という理論です。

この末那識の定義は、恒《つね》につまびらかに思量するといいますが、一言でいえば、末那識というのは、自分のことばかりを考え続ける心であります。サンスクリットのマナスという言葉を漢字で表わしたものですが、考えるということです。考えるということを常につまびらかにするのです。何を考えるのかといいますと、「我」、自分のことを考え続ける。自分のこと以外については、目もくれない。そういう思量する心が、重層的な人間としてとらえられていくわけです。そういう、我を思量し続けるという意識を発見するわけです。禅門では染汚《ぜんな》と読みますが、唯識では、染汚《ぜんま》というふうに読みます。汚《よご》れた心、汚れた心というのはどういう意味かといいますと、この末那識というのは、有覆無記である。

有覆無記というのは、悪ではないんです。価値基準が、仏教の場合では、善と悪と無記とこういうふうに三つに分けて、その無記を二つに分けて完全な無記と汚れた無記としま す。末那識は汚れた無記、すなわち有覆無記とします。しかし無記ということは、悪ではないんです。悪い心ではない。それじゃあ清浄なのか、清らかなものなのかといいますと、有覆無記という呼び方をするんです。これは、まさにこの言葉のとおりに汚れであります。悪ではないけれども、汚れである。日本語では、汚《きたな》いという言葉が、ありますね。非常にうまい言葉だと思うんですが、あいつのお金の使い方は、汚いとか、試合をして勝ってもあの勝ち方は汚いとか、もう少しきれいに勝たなきゃというように、汚いという言葉で私どもは、表現するものがあります。それは悪じゃあないんです。ルール違反をしているわけではない。きちんとルールに従って勝っている。それでありますけれども、そのやり方がなんかきれいではない。サッパリしていない。汚いです。実にうまい言葉だと思います。それが染汚であります。

末那識は、そういうその自分のことを考えてしまう。何かにつけてまず自分のことを考えてしまう。それが恒につまびらかにである。恒にということは、どういうことかといいますと、寝ても覚めてもということでありますが、もっと大事なことは、第六識から上、人間の表面において、善き行為をしているときにも働くというのです。悪であるときは当然です。悪であるときは、当然エゴイズムが働いているといって間違いないです。ところが私どもは、第六意識のところで、善き行為を意識的に自覚的にする。そのときには、私どもは、善き行為をしている人間ですから、善き人間であっていいはずなんです。ところが唯識は、善き行為をするその行為の真中に、人間は、エゴイズムを働かせている。それは非常に細やかなのです。悪のようにすぐに気がつくようなものではありませんが、うっかりすると気がつかないような、細やかなエゴイズムというものが人間の中に潜んでいて、それが、善き行為をするときにも、その下で動くことがないであろうか。それを有覆無記とか染汚という言葉でとらえるのであります。

つまびらかにという方は、第八識に対してです。第八識、阿頼耶識というのは、ものを考えたりする働きはないというんです。人格の一番根底になるところをかりに阿頼耶識と呼ぶんでありまして、具体的にものを考えたり感動したりという心の動きは、第八、阿頼耶識にはない。考えたり、感動したりすることを生み出す根拠にはなりますけれど、この心自体は、そういうものを考える働きは持たない。それに対して、末那識というのは、自我を思い続けていきます。そこで、それをつまびらかにという表現をするんであります。

第七識が恒にというほうは、第六識と比べますと、第六識は有間断で、絶えることがある、働かないことがある。たとえば深い禅定《ぜんじょう》に入ったときなんかは、第六意識というのも非常にやすらかな状態になるんだというようなことをいいまして、絶えるときがある。それに対して末那識は、絶えるときがない。善き行為をするときにも末那識が働く。只管打坐しているはずのときにも働いていることがありうる。それに対して、第八識はものを考えない心であります。ただものを黙って受け入れて、黙ってそれを保持していく。それが第八阿頼耶識。それだけです。それに対して、第七末那識というのは、常に、常に我というものにこだわり続けている、ですから、それをつまびらかに思量するという。恒に審《つまび》らかに思量する。何を思量するのかというと、自分のことだけを思量していく。有所得の働きが非常に細やかであるというのが、末那識であります。

そういう我執とか、エゴイズムとか、利己性というようなものが、実は、自己の中から作られている。それに対して客塵煩悩《きゃくじんぼんのう》という見方があります。これは、如来蔵思想の使う単語でありますが、煩悩というものを客塵のものとして考えるのです。外から飛んできてくっついたもの。したがってそれは、払い捨ててしまえば、なくなってしまう。本来、清らかである。清浄なものである。その清らかな、清浄な私の上に、どこからか飛んできて、ポッとくっついてしまう。それが煩悩である。客塵煩悩です。だから、吹き飛ばしてしまえば、もとの清らかな世界に帰るのだ。というふうに言うわけです。これが、如来蔵仏教の基本的な構造です。

唯識は、煩悩とか、有所得とか、エゴイズムとか、利己性とか、そういう人間がたくさん持っている自己中心的な動きというものを決して偶然外から飛んできたものだという位置づけをしないで、自己の中にあるもの、自己の中から生まれてきたものとします。第八識の中に種子が蓄積されている。その種子が表に現れてくるのが、我々の具体的な動きであります。我執とか、エゴイズムというのも、外から飛んでくるんではなく、自分の中に蓄えている種子を根拠としながら、自分の中に、自分が生み出す。そういう働きだという位置づけをしている。自分の心が作り出した心の壁に、心が拘束されるのです。

非常にそういう意味では、汚れということについての自覚が、細やかで深い。偶然的なものではない。自己の中にある。自己の責任にある。それをどう持っていくかということも、自己の中にある。そういう、染汚《ぜんま》の心、汚れた心というものをこういうところに位置づけてきます。

それについて唯識の中で、二つの位置づけがありまして、仏果《ぶっか》は、七識である。仏果は、八識である。こういう二説があります。

末那識は、汚れた心なんです。有所得心。そうすると、我々が証《さと》りを開く。仏果を成ずるとき、この心は、いったいどうなるのか。仏果を成ずるということは、我執を超越するということであります。末那識は、我執の心ですから、我執の心は、どうなるのかという問題。それで、安慧《あんえ》というインドの学僧は、こういう現実の自己が、仏果を成ずるそのときに、末那識は、なくなると考えるんです。我執の根拠になる心ですから、仏果を成ずるというような、深い宗教的体験をしたときには、この末那識が全体的に姿を消してしまう。したがって、仏果を成じた人というのは、これは、末那識がない。七つの心でできていると見ていくわけです。これは、よく分かるし、常識にそった見方だと思います。末那識は、我執の根拠になる心だ。それでは、仏果を成じたときには、当然この汚れた心というのは、消え去ってしまう。ところが、成唯識論は、その説を取りませんで、仏果を成じたときも、やはり八つの心だ。つまり、末那識というのは、捨て去られるのではない。消え去るのではない。自己の中から起きてきたエゴイズムでありますが、そのエゴイズムの心が消えてなくなるのではない。それではどうなるのか。それが、転依《てんね》なんです。自己転換です。

転依（末那識の心所）

―無我なる自己の正体に目覚めていく―

末那識が転換する。人間の八つの心の構造というものは、変わらないんであります。仏果を成ずるというときには、末那識がなくなって浄らかになるのだとは考えないのです。この心は、そのまま生き続けるんです。成仏したときにも、八つの心を持って成仏する。汚れたままですと、成仏とはいえません。末那識が変わってくるんです。よりどころが転換する。仏果も八識である。どう変わってくるのかといいますと、表の第七識をご覧いただきます。十八と書いてあります。十八というのは何かといいますと、第七末那識と一緒に働く心所の数であります。心の主体的な一面というのは、心王で、これが八つある。それが具体的に動くのが、心所でありまして、これは、五十一ある。末那識が動いているときには、どの心所と一緒になるのかというと、それが、十八だというんです。

心所の説明もしないで、心所に触れるので、順序が前後逆なんですが、その十八の心所を見ていただきますと、遍行というのが五つ。これは、すぐ続いて申し上げたいと思います。それと、別境という心所が五つあるんですが、その中の一つの慧《え》というのだけが働く。慧といいますのは、智慧の慧ですが、慧というのは、択《えら》び分ける働きをする心所であります。択び分ける心所というのを頭におきながら、表にもどっていただくと、第七識、別境のところは、慧の心所だけが働く。択び分けるんです。何を択び分けるのか。このあたりが、実にうまいと思うんですけれど、自分と他人を択び分けるんです。択び分けて、そして自分に損にならないように、自分に得になることだけを択び取っていく。そういう選択眼です。選択眼というのは、いい選択眼もありますが、とにかく自分との上での計算を常にし続けるというのが、この慧という心所であります。ですから、末那識は、どんなことをしているときにでも、いつもひそかに細やかに人間の奥底で、計算をし続けていく。そして損をしない。損をしないように計算をし続けていくと言うので、慧の心所というのがここにでてくる。

そして、善の心所というのは、一つも働きません。煩悩は、六ありますが、その中の、貪《とん》・癡《ち》・慢《まん》・見《けん》という四つの働き。それから、随煩悩《ずいぼんのう》というのが、二十あります。その中で、大随煩悩というのが、八つありまして、その八つが働く。それが、末那識の実態です。現実の姿です。見ていただくと分かりますように、十八の中で、煩悩の四と、随煩悩の八を合わせた十二、これが主力を占めていく。

転識得智（転依）―心所論の方向から

〈因位〉

	遍行 5	別境 5	善 11	煩悩 6	随煩悩 20	不定 4	
前五識 34	5	5	11	3 貪瞋癡	10 中 2 大 8	×	成所作智
第六識 51	5	5	11	6	20	4	妙観察智
第七識 18	5	1 慧	× ×	4 貪癡慢見	8 大 8	×	平等性智
第八識 5	5	×	×	×	×	×	大円鏡智

〈果位〉

諸識	5	5	11	×	×	×

遍行というのは、いつでも働く心所でありますから、善悪はありません。別境もそうなんです。善悪どちらにも働きます。択び分けるという働きは、仏法を学ぶときにも働きますし、悪いことを計画するときにも働くわけです。そうしますと、最初の別境と遍行を除いて、何があるかというと、十八の中の十二が煩悩なんです。つまり、三分の二は、煩悩の塊だというふうに末那識をとらえるんです。エゴイズムです。あるいは、有所得の心であります。それを下の表に移りますと、果位と書いておきましたが、仏果を成じたときには、心は、どういうふうな心所と動くのか。唯識らしい分析をするのです。仏果を成じたときには、八識のすべ

てが二十一の心所でとらえられるのであります。遍行が五、別境が五、善が十一。末那識についていいますと、十八の心所から二十一の心所に変わってきます。その変わり方が劇的なんです。十八の心所では、十八の中の十二が煩悩でした。そして、善は、一つもない。今度は、二十一に変わりますが、十二の煩悩が全部なくなるんです。煩悩についていえば、零になる。全部が善に変わる。末那識が性質を変えて、つまり、依り所が、百八十度転換して、煩悩の塊であった末那識が、今度は、善の塊へと広がっていく。ここで、末那識は、根本的に性質を変えていく。煩悩の塊から、善の塊へここで根本的に性質を変えることになります。つまり、有所得の心が、無所得の心へと転換していく。そういうふうにとらえていきます。

心所論をもっと丁寧に読みながらいくほうが、感動が盛り上がってくるかも知れませんが、いきなり結論のところだけを申し上げておりますけれども、末那識という心の転換というものをそう求めていく。ということは、エゴイズムとか、有所得の心というのは、自分の中からでてきたものであって、これは人に責任をなすりつけることはできません。自分の中から自分が作りだしたものです。客塵煩悩ではないのです。しかし、そのエゴイズムの心が、実は、仏の心に転換していく。そういう道を残すわけです。そのときには、人間構造は、変わらない。そのままの人間が、そのまま百八十度転換した人間に生まれ変わる。

正法眼蔵随聞記のなかで、登龍門《とうりゅうもん》のことを書いてあるところがあります。あそこで、道元禅師は、龍門というのは、そこを通った魚が、龍になるのだ。しかしそのときに、門を入る前と、出た後では、鱗の形一つ変わらない。門を出てきたときには、仏になって出てくるんですが、そのときに、鱗の形一つ変わらない、とおっしゃっている。つまり、我々のこの生身の人間が、そのままの構造を変えないで、中身だけが百八十度変わってくる。

これは、宗門の証りを求めない只管打坐と全く同じだと思います。僧堂に入るときと、出るときと、同じ人間が出てくるわけです。けれども中身が変わっている。常識的にいうと、そういうエゴイズムが消え去って、人間が清らかになって出てくる。そうとらえていきますと人間構造というものが、変わるんです。仏果を成じた人と、普通の我々とは、人間の基本構造が違うんだ。そういうことになると、証るとは、いったいなんなのか、スーパーマンになることなのかというふうな疑問が出てくるわけです。ところが、変わらない。凡夫は、凡夫のままで、登龍門を通ると、鱗の姿一つ変えないで、そのまま仏果としての世界に入っていく。そういう構造が、宗門の坐禅の構造の中にあると思います。そして、末那識というのは、そういうことを理論化しております。

しかし、それでは、なぜ細かにいうのかと申しますと、私たちは、有所得でありながら無所得だとおもっていることがないか。この指摘なんです。自分の心の中では、ちゃんと計算をしている。私たちが、仏教を口にしたり、説いたりするときにも、末那識が働くことがしばしばあります。それは、非常に細やかであって、実は、それが人間を汚している。けれども、我々は、それを、うっかり見落としてしまって、無所得の坐禅、無我である、我執はない。そういう美しい言葉に惑わされてしまいまして、自分は、実は、深いところには、有所得心というものを一杯もっていながら、無所得だと錯覚していることはないか。そういう、厳しい自分についての、反省というものを欠かして、無所得ということを安易に口にしていないかどうか。口にするしかないのですが。口にするしかないですけれども、そういうときにそういう反省を欠いて、ああ、俺は、無所得になっているというふうな安易な自己肯定というものを、末那識という思想は、えぐりだしている。その単純な無所得の中に、有所得が潜んでいる限りは、やはり、本当の意味においての、無所得というものにはなっていない。その反省は、捨てられない。そういうことを唯識は、いうのだと思います。

この末那識というのは、実に微妙でして、随生繋《ずいしょうけ》。生に随った、その人の生存している場所にしたがったエゴイズムという意味で、随生繋といいます。それは、どういうことかといいますと、人間というものは、非常に勝手なものでして、自分が車で走っているときには、道を歩いている人が邪魔になります。道を自分が歩いているときには、車が邪魔になる。それが、随生繋なんです。その人がどこで暮らしているか、どこで生きているか、それによってエゴイズムが変わってくる。簡単に変わってくる。道を歩くこと一つについてもエゴイズムが働いている。

私はよく、ラッシュの電車に乗りながら、思うんですが、東京の朝の電車の混みようというのは物凄いです。とにかく遠慮なんかして、自《じ》未《み》得《とく》度《ど》先《せん》度《ど》他《た》なんていっていたらいつまでたっても乗れやしません。とにかくかき分けて、人を蹴飛ばして乗らないといけない。その時には、中の人に腹が立つんです。もうちょっと詰めたらどうだ。俺たちも乗るんだ。そう思って、外にいるときには、中にいる人に腹が立つ。そして、やっと電車の中に足がかかって、扉に手をかけて、さあ、これで乗れたと思うと、今度は、後ろから押してくる人に腹が立つんです。おまえたちは、次の電車にしろといいたくなる。たったドアーを一枚境にして、ドアーの中に足が入っているか、プラットホームに足が残っているか、たったドアーを一枚、立っている所が違うだけで人間のエゴイズムというのは、変わっちゃうんです。これが、随生繋なんです。ですから、随生繋というのは、末那識というのは、決して、高度なエゴイズムというようなものではなく、もっと人間の本能に根ざした、もっと人間の深い、生きている肉体に根ざしたものという位置づけをしているわけです。しかし、それが、阿頼耶識との間に、非常に密接な関係を持っている。

末那識は、何を依《よ》り所《どころ》にして、それを所依《しょえ》（倶有《くゆう》）という言葉で唯識は、表しますが、何を依り所として存在しているのかというと、これは、いうまでもなく、第八識、阿頼耶識です。第八識を依り所として、第八識から生まれて、第八識を依り所として、働いている。ですから、外から飛んできたエゴイズムではなく、自分の中にあるエゴイズムである。

所依（倶有）

無所得ということについては、審細に参究しなければならない。

　それでは、第七識は、第八識を依り所とする。これは分かる。その通りでよろしいです。

　第八識は、何を依り所としているのであろうかという所依論という一説がありまして、ここで、第八識は、なんと、末那識を依り所とするといういい方をするんです。阿頼耶識からエゴイズムがでてくる。これは、わかります。その、でてきたエゴイズムというものを今度は、それを頼りにして、阿頼耶識は、存在している。自分の作りだしたエゴイズムに、依存して、阿頼耶識は存在している。ということは、エゴイズムとか、利己性というものは、我々を汚しますけれども、汚すという仕事と同時に、我々を支えていく一面を持っているということなんです。つまり、エゴイズムというものは、排除されなければいけない。無所得であるためには、エゴイズムは、排除されないといけない。しかるにその排除されるべき末那識を依り所として、第八識が動いている。この所依の転換というのは、非常に微妙な、そしてまた、誤解をしやすいところかもしれませんけれども、非常に突っ込んだ人間観です。

エゴイズムというのは、悪だと反面ではいっている。けれども、その悪であるエゴイズムの根拠が、それが人格を支えている。これは、人間の統一性と申しましょうか、この関係というのは、自分というものに向けていく眼というものが、それが、実は、自分を支えている。そういう相互の関係があります。これをどういうふうに受け止めていくかをお考えになっていただきたいと思うんです。私も、ああおもしろいなと思いながら、それでは、これは、どう説明すればいいのかという自信がありませんので、申し上げません。ただ自分の中にあるエゴイズムというものが、実は、自分にとって自己というものを支えていく、力にもなっているということを唯識はいっている。そこに錯覚があるんです。無我である第八識に対して、末那識というのは、我の虚像を描いていく。そんなものは無いんです。無いけれども、それをあると思うような、虚像を描いていく。しかし、それは、道を汚す。

我々を汚すと同時に、我々を支える力でもある。エゴイズムというものは、一面では、我々を汚しながら、しかし、太田という人格を持続し、支えていく力でもある。一つのテーマではないかと思います。

汚れた心でありますけれども、それが、そういう人間を支える力になっているということです。そしてそれが、平等性智です。エゴイズムとして動いていた末那識が、無我に目覚めていく。無我の自己の正体。自己の正体に目が開けてくる。これがなかなか開けません。唯識では、とても簡単に開けるとは、いいません。けれども、無我である自己の正体というものに目が開けてくる。そうしますと、末那識は、そのままの姿を持ちながら、今度は、平等に物を見る智慧として働き始める。これは、劇的な転換です。自分しか見ていなかった、自分の都合しか考えていなかった心が、今度は、無我なる自己というものに目覚めてくる。これは物凄く大きな転換だといっていいと思います。自分のことしか見なかった心が、今度は、すべてのものを平等に見うる心に変わってくる。我に執着していた末那識が、無我なる自己の正体に目覚めていく。汚れた、薄汚れた心が、非常に深くあるその心が、今度は、清らかな自己の正体を知る働きへと転換していく。そういうふうに位置づけてまいります。

末那識の要点は、自己の中から生まれてきた我執というもの、エゴイズムというものが、自己を支えながら、しかも、自己浄化の力になっていく、という人間観として整理されていることを少し申しあげておきます。有所得の問題を唯識は、末那識という言葉で表現した。

心王論については、一応そこで終わります。時間の都合で、心所論は、括弧にいれさせていただきますが、心所論というのは、唯識のとらえた具体的な心の姿です。ただ、心所論というのは、軽く見られるんですけれども、私は、軽く見てはいけないと思っております。それは、何故かといいますと、私たちの現実の姿というのは、実は、心王論ではなくて、心所論なんです。八つの心があるということをいくら繰り返しても、具体的な人間の心理は分かりません。具体的な人間が何を思い、どんなことに興味を持ってどのように暮らしているのかということが、心所論になるわけです。ですから、ちょっと見ると、五十一の名前が羅列してあるだけで、深みのない軽く見られやすい分野でありますけども、本当は、そうではなくて、現実の自己とは何か、自己をならうという自己とは何なのかというのを対象化し客観化して、そこに組織的に並べたのが、心所論です。ですからこれは、辞書をお引きになっても、解説書をご覧になっても、でてくる単語でありまして、しかしそれは、現実の自己を示しているという押さえだけは押さえた上で、見ていただきたいと思います。今日は、そういうことで、表だけを紹介しておきます。

四）煩悩　6又は10（内心を擾濁《にょうじょく》す。）

1　貪《とん》（染著）　4　慢　（高挙《こうこ》）

2　瞋《しん》（憎恚《ぞうい》）　5　疑　（猶予《ゆうよ》）

3　癡（迷闇）　6　悪見　（顛倒推度染慧《てんとうすいたくぜんね》）

①薩迦耶見《さつがやけん》（我・我所と執す）

②辺執見《へんじっけん》（断・常と執す）

③邪見（因果を謗す）

④見取見《けんじゅけん》（諸見に於いて執して最勝となす）

⑤戒禁取見《かいこんじゅけん》（諸戒禁を執して最勝となす）

五）随煩悩　20（煩悩の分位差別《しゃべつ》・等流性《とうるしょう》。）

〈小随煩悩〉10

1　忿（憤発《ふんぽつ》）　6　慳（秘吝《ひりん》）

2　恨（結怨《おん》）　7　誑《おう》（詭詐《きさ》）

3　覆《ふく》（隠《おん》蔵）　8　諂（険曲《ごく》）

4　悩（追触暴熱《ついそくぼねつ》）　9　害（損悩）

5　嫉（妬忌《とき》）　10　憍（酔傲《すいごう》）

A　貪の分位

覆・誑《おう》・諂・慳・憍・放逸

B　瞋の分位

忿・恨・悩・嫉・害・放逸

C　癡の分位

覆・誑・諂・放逸・失念・不正知

〈中随煩悩〉2

11　無慚（自と法とを顧みず賢善を軽拒《きょうこ》す）

12　無愧（世間に顧みずして暴悪を崇重す）

〈大随煩悩〉8

13　掉挙《じょうこ》（心　寂静《じゃくじょう》ならず）　17　放逸（縦蕩《じゅうとう》）

14　惛沈《こんじん》（無堪任）　18　失念（明記《みょうき》すること能ず）

15　不信（心穢）　19　散乱（流蕩《るとう》）

16　懈怠《けだい》（懶惰《らんだ》）　20　不正知《ふしょうち》（謬解《みょうげ》）

六）不定《ふじょう》　4（染善等に於いて皆　不定なり。）

1　悔《け》（追悔《ついけ》）　3　尋（意言《いごん》の境に於いて麁《そ》に転ぜしむ）

2　眠（昧略《まいりゃく》）　4　伺（意言の境に於いて細に転ぜしむ）

心　所

一）遍行《へんぎょう》　5（五の法は、心の起きるときには、必ず有り。）

1　触（三和）　　4　想（取像　施設名言《しせつみょうごん》）

2　作意《さい》（警覚）　5　思　（造作《ぞうさ》）

3　受　（領納）

二）別境　5（所縁の事、多分不同）

1 欲（所楽境《しょぎょう》　希望《けもう》）　4　定《じょう》　（所観境　専注不散《せんじゅふさん》）

2 勝解《しょうげ》（決定境《けつじょう》　印持）　5　慧《え》　（所観境　簡択《けんじゃく》）

3 念　（曽受境《そうじゅ》　明記不忘《みょうきふもう》）

三）善　11（唯　善にして心と倶なり）

1　信（心浄）

2　慚《ざん》（自と法との力に依りて賢善を崇重す）

3　愧《き》（世間力に依りて暴悪を軽拒《きょうこ》す）

4　無貪《むとん》（無著）

5　無瞋《むしん》（無恚《い》）

6　無癡《むち》（明解《みょうげ》）

7　勤《ごん》（勇悍《ゆうかん》）

8　安（堪任《かんにん》）

9　不放逸（断ずべきを防ぎ修すべきを施す）

10　行捨《ぎょうしゃ》（平等・正直・無功用《むくうゆう》）

11　不害（損悩を為さず・無瞋）

修行論

―少しずつ少しずつ進んでいく―

成唯識論による修行には特徴が、三つございます。一つが、大乗二種姓《だいじょうにしゅじょう》を具する者。第二番目は、五位によりて悟入す。三番目は、漸次《ぜんじ》に。この三つであります。

つまり一言でいいますと、ある素質を持つ者、これが第一です。大乗二種姓、大乗の種を持つ者、あるいは、素質を持つ者というのが、第一にでてくる。これが問題をかもしだすんです。いわゆる、無性有情の問題。これがここにでてまいります。それはどういうことをいっているのかということで、仏性論の問題になるわけですが、まずそれを見てみたいと思います。

悉有仏性《しつうぶっしょう》と五姓各別《ごしょうかくべつ》
―仏性論の問題―

大乗二種姓といいますのは、本性住種姓《ほんしょうじゅうしゅうじょう》、二番目は、習所成種姓《じゅうしょじょうしゅうじょう》。こういうふうにいいますが、一の、本性住種姓といいますのは、無始より来《このか》た、本識《ほんじき》に依附《えふ》し法爾《ほうに》に得るところの無漏法《むろほう》の因たり、という説明をいたしますが、本来備わっているものです。本来持っている素質、性質であります。つまり、大乗の教えを修める力のある者。ここで一つ限定をするわけです。習所成種姓といいますのは、これは、修行をして、法界より等流せる法を聞いて聞所成《もんしょじょう》等により熏習《くんじゅう》して成じられたるなり。つまり、本来の素質を持つ者が、修行をして、積み重ねていくことによって仏果に到達できるというのが、大乗二種姓を具する者という定義になります。

それで、これが、仏性論争になるわけですが、この、成唯識論の唯識以外の日本の仏教は、全部一乗仏教といっていいのかなと思います。悉有仏性。一切皆成仏《いっさいかいじょうぶつ》。これがスローガンです。すべてのものが、ことごとく仏性を有しているというのが、一乗仏教の建前であります。それに対して唯識は、五姓各別という説を取ります。これは、成唯識だけが取る立場です。

五姓というのは、大きく分けますと、三つです。定姓《じょうしょう》といわれる人達、それから、不定姓《ふじょうしょう》といわれる人達。それから、無性有情姓《むしょううじょうしょう》、成仏できない人達。大きく分けるとこの三つになります。こういうふうに、備わっている素質とか能力というものを表にだしてくる。一乗仏教の方はそれを承知の上でありますけれども、そこにある普遍性というもの、共通してみられる普遍性・平等性というものに、ポイントを合わせる。照明を当てていくわけです。したがって、平等な世界。普遍の世界。そういう世界を一乗仏教は、教理の根幹としておいていく。それに対してこの成唯識論の唯識だけは、素質の違いとか、能力の違いというものを表に出してくるわけであります。

定姓の声聞《しょうもん》といいますのは、これは、声聞だけです。声聞・独覚《どっかく》は、自利行しかできないといわれておりますように、人様の世話まではできない。それだけの余裕がない。ひたすら自分の修行をする。自分を磨き上げていくというだけの器《うつわ》だといいます。しかし、それは、たいした奴じゃないのではありませんので、やはり、声聞・独覚というのまで到達するのです。阿羅漢果《あらかんか》まで到達するということは、無我の修行は完成できると認められることです。自分のことしかできませんが、自分という個人の問題においては、無我の境地まで到達できるというのが、声聞・独覚です。独覚もまた、自己の修行を完成する。そこで解脱をするとか、涅槃に入るとかといういい方をしますけども、自己の修行というものだけに集中していく人達というのが声聞・独覚です。それに対して菩薩というのがある。

菩薩を実は、二種類に分けるんですが、菩薩の素質を持っている人は、これは、最初から人様の世話をしながら、自分の修行も欠かさないという、自利利他の修行をまっしぐらに積み重ねていくという人が、菩薩定姓《ぼさつじょうしょう》の人であります。これはまあ、これでいいんです。不定姓というのは、何なのか、といいますと、これは、最初は声聞あるいは独覚なんです。それが、転換しまして、菩薩に変わっていく。ですから、菩薩が二種類になるんです。一種類の菩薩は、生まれた時から菩薩の器を与えられている人。これは仏道修行に出発するとき、最初から最後まで、自利・利他の修行を積み重ねる素質を持っている人。これが、定姓の菩薩であります。ところが、最初は、声聞であったり、最初は、独覚であったりする。それだけの器の人。その器の人があるところで、これではいかんと、フッと利他行に目覚めるんです。そこから転向していくんです。声聞・独覚の修行をして、そして、阿羅漢までいくわけですが、その阿羅漢果まで到達したところで、利他行がなく

五姓各別

1）声聞定姓　2）独覚定姓　3）菩薩定姓
4）不定姓　5）無性有情姓＝一闡提（iccantika）
①断善根　②大悲　③無性

てはいかんということに気がつくのです。そして今度は、菩薩の修行に転向していくんです。こういう菩薩を、廻小向大《えしょうこうだい》の菩薩とか、小乗から大乗に転向する菩薩。あるいは、漸《ぜん》悟《ご》の菩薩といいます。漸悟というのは、この迂回路をたどる。小乗の修行をして、阿羅漢果まで到達した人が、利他行に目覚めて、菩薩行に入っていく。こういう菩薩がある。その菩薩のことを漸悟の菩薩というのです。ですから菩薩に二種類あって、生まれつき純粋な菩薩の器を持つ人。これを頓悟《とんご》の菩薩といいます。あるいは、直往《じきおう》の菩薩。真直ぐに進んでいく菩薩。それが定姓の菩薩です。不定姓というのは決まらない。最初は、声聞であったり、独覚でありながら、途中から転向をして菩薩道へ入っていく。こういう意味で、不定姓と呼びます。

仏果を成ずることのできる人は、定姓の菩薩と不定姓の人です。声聞、独覚は、阿羅漢果まで到達するだけで、仏果を成ずることはできない。ただし、声聞、独覚から菩薩道へ転換して行った菩薩は、成仏をするわけです。不定姓にきますから。

実は世親菩薩《せしんぼさつ》も無著菩薩《むじゃくぼさつ》も不定姓なんです。倶舎論の著者であり唯識を完成した、その世親さんは、最初は小乗の修行をしておられた。そして、かなりの年を取ってから改めて大乗菩薩道へ転向した方です。ですから、不定姓の菩薩というのは、唯識では、非常に大事でありますし、それから、人間が、変わるということを考えた場合には、非常に味のある分析だと思います。人間はその気さえあればどこかで変わっていく。日置黙仙《ひおきもくせん》（一八四七～一九二〇）という永平寺の偉い禅師。鳥取の出身でして、私も近くですので、いろいろと伝説があるんですが、日置禅師も、子供の頃は、どっちかというと、平凡な小僧であったと、村にそういう伝説があるんです。それで、十八歳といいましたか、加賀の大乗寺に行って修行をして、そこで宗教的な体験をされたようでありますが三、四年たって帰ってこられたときに村人は、びっくり仰天したといいます。姿が、もとの姿ではない。あれがあの黙仙さんなのか。そういって村人が目を見張ったといわれています。

その村出身の、中学の恩師が、私に、人間というものは、いつどのように変わるか分からない。長い目で人間というものを見なければいけないものだ。もしも今の学校制度の中で成長したら恐らく永平寺の禅師、日置黙仙は、生まれなかっただろう、と話されたことがあります。今ですと、たいてい中学のところで選別されてしまいますから。名門高校に行く子と、非名門高校に行く子と分けられるわけですから。ですから、もし、日置黙仙が、現在の学校制度の中で育てられたら生まれなかったかもしれない。

人間というのは、どこで変わるか分からない。それは生涯の長い目で見ていかなければならない。趙州《じょうしゅう》の晩年発心、六十歳で発心された。脇尊者も、八十歳ぐらいですか。若い者に馬鹿にされるんです。あんなに年を取って修行したって、悟りが開けるわけがない。若い者が馬鹿にするんです。それで奮起して、悟りを開くまで横にならないという誓いを立てたので、脇尊者というのだといいますが、そういう晩年になって発心するという例もいっぱいあるわけです。

ところが、現代社会は、早めに人間を分けて位置づけしてしまいますので、伸びるべき者が伸びなかったり、本当なら花の咲くべきものが咲かなかったりというような過ちを犯しているかもしれないなと思います。そういう意味では、この不定姓の菩薩、これは非常に味のある分析だと思います。あるところまでは、手前勝手な修行だけをしていた人が、あるところから心を大きく広げてきた。そういう意味で人間の転換というものを示す、非常に味のある分類だと思います。

ここまでは、問題ないわけです。問題は、その次の無性有情です。では、これはいったい何なのかということです。それで、無性有情というのは、一言でいえば、仏の種を持たない。無漏の種子。唯識では、無漏の種子を持たない有情といいます。

仏性と無漏の種子

―無性有情は、悪人ではない、空が分からないということ―

無漏の種子、これが、仏の種です。仏の種、清浄な種を持たないというのが、これが、無性有情です。それで、仏性論争に入る一歩手前なんですが、唯識では、この無漏の種子、仏の種、清らかな種というものを先ほど、見ましたように、阿頼耶識、ここに持っている。持っていれば、何かの縁に触れたときにそれが芽をだして成仏することができる。阿頼耶識に、無漏の種子を置くんであります。本当は、阿頼耶識の中でなく、阿頼耶識の外側に置くんです。まあ、これはまた、別の問題がでてきますので、今は申し上げません。

我々の人格の中に仏への可能性というものがある。その仏への可能性というものは、何かというと、無漏の種子と呼ばれるものであって仏性ではない。仏性というのを、事《じ》と理《り》に分けますと、理でありましょうし、真理性に基づいたもの、一つの理念といってもいいでしょう。それに対して、無漏の種子は、事実の世界であり、あるいは有為法《ういほう》。真理性《しんりせい》というのは、無為法《むいほう》です。生住異滅《しょうじゅういめつ》する、変化をしていくというのが事《じ》ですし、それが、有為法です。一言でいえば、生滅をするもの。それが、有為法でありますが、無漏の種子というのは、有為法なんです。つまり私どもの中にあって、私どものこの命と共に生き、命と共に消えていく、そういうその有為法として、清らかな種が無漏種子です。仏性というときには、これは、個人を越えて、普遍的に実在するところの真理性そのものを指すと考えて良いと思いますが、これは、無為法です。不生不滅。不生不滅の真理性のもの。唯識では、それを無漏の種子という、有為法でとらえていくところが一つの特徴であります。

それで、無性有情というのは何かというと、この無漏の種子がないということなんです。これを持たない者。したがって理としての仏性がないのではありません。無漏の種子がない、こういう表現をします。無漏の種子がないからしたがって、仏さんの教えに反応しないのです。仏さんの教えに反応しないので、したがって仏道修行にも参加しないし、証りも開けない。そういう人間がいる。こう考えるんです。

無漏の種子がない人達が三種類あるといいます。断善根《だんぜんこん》の無性有情、大悲の無性有情、無性の無性有情。こういう三つがあるといいます。断善根といいますのは、これはある特定の時間だけ、無漏の種子がない。したがってこの人達は、どこかで再び無漏の種子が働き始める可能性があるというんです。大悲といいますのは、これは菩薩です。菩薩が有情利益の為に無漏種子を捨てて衆生の世界に帰って来る。これが大悲の無性有情。お地蔵さんなんかそうですね。浄土もお持ちにならないで、どこにでも示現される慈悲の権化《ごんげ》です。これが大悲の無性有情。無性の無性有情というのは、無漏種子を持たない衆生でありますので、これは永遠に成仏しない。声聞・独覚・菩薩・不定姓の人達は全部持っているわけです。無性有情は持たない。これが無性有情一闡提《いっせんだい》の定義であります。

無漏種子を持たないということは、それは、当たり前の人間なんです。ただ、仏法に触れて、会得していくところの、空とか、無我とかというような底の抜けた、自由の世界に入り得ないということなんです。悪人ではありません。無性有情のことを極悪人と誤解することがありますが、そんな定義は成唯識のどこにもありません。善・悪・無記とあってその中の悪に所属する人間のことをいうんじゃないんです。人間としては、普通の人間。中には、道徳的に非常に立派な人もあるかもしれません。問題は、その、超越をするといいますか、空という世界に生ききる爽やかな超脱的な境地。そういうものが分からないということなんです。ですから、悪人でもありませんし、悪いことをする人でもないし、貧しい人でもないし、普通の人間だけれども、もう一歩爽やかさが分からないというのが、無性有情の定義なんです。

そこに持って行きますと、これは、現実にたくさんあるわけです。へたをすると我々の中にいるかもしれない。空が分からない、そういう空の境地を会得することができないというのが、無性有情です。

空が、分かるか分からないか、そこの違いだけなんです。ちゃんと定義の中で、無性有情というのは、無漏種子を持たないものだというふうに定義されているだけですから。成唯識論のなかを何回繰り返し読んでみても、無性有情は悪人だと、一言も書いてない。無漏種子があるかないか、持っているか持っていないか、無漏種子というのは、そういう無我が分かるかどうか、空が分かるかどうかということなんです。これが誤解されて、何となく、無性有情というのは、仏教に反逆する人間のごとくにいわれますけども、そうではないのです。

一つは、現実の社会の中に、そういう人間がいる。我々の付き合っている人間の中におるわけです。それは、悪人としておるわけではありません。ちゃんと立派な、個人的には、時には、道徳的に非常に立派だと、皆から尊敬されるような人もいるかもしれない。ただ底が抜けていないだけです。空という世界に足が入らない。そういう人の事を無性有情というんです。そういう仏道の、空が分かるかどうかというところに、ねらいを定めて人間を区別したものです。

これは、今申し上げたように、たくさんいるんじゃないでしょうか。仏教なんかに興味を持たないで、一生を終わっていく人もあります。あるいは、興味は持ったけれども、どことなく結局最後まで、爽やかな境地というものに、届かなかったという人もいます。これも全部、無性有情でしょうね。そして我々自身がまた無性有情であるかもしれません。

理仏性《りぶっしょう》、行仏性《ぎょうぶっしょう》（成唯識論の仏性論）

―仏性の中に抱かれながら漸に空を修行する―

それでは無性有情は、救われないのかと、そこで、仏性論争がでてくるんです。その段階まで押し詰めてきた上で、仏性はこうだと見てくるのが成唯識の特徴です。仏性とは、では、何か。仏性をこういうふうに分けてまいります。行仏性と、理仏性というふうに分けるんです。それで、無漏の種子というのを持ってきまして、これが、行仏性だと。それで、理仏性というのは何かといいますと、真如自体です。無漏の種子と真如、その二つの重なりの上に仏性というものをとらえ衆生というものをとらえていくのが、唯識の仏性論で、非常に巧妙だと思います。

理仏性という立場でいきますと、これは、無為法そのものであり、一つの真理性としての不生不滅のもの。これを理仏性。ですからこれが、悉有仏性になるんです。我々が存在する限りは、縁起の法を離れて存在しません。縁起の法それ自体が永遠の真理ですから。したがって、私たちはどんな姿で存在していましても、迷える衆生として存在していても、仏道を修行する人間として存在していても、皆それは、仏性の中に生きている。理仏性を生きているといえるんです。無性有情も根源的に掘り下げていけば、我々と少しも変わらない永遠の真理性のものとしてとらえていく。

しかし、それでは、なぜ無漏種子といい、五姓各別というような思想をわざわざそこに組織するのかといいますと、理仏性はそうだと、けれども、行仏性の点から見れば、あるなしもあるし、いろいろな違いがでてくる。つまり五姓各別という思想をこの行仏性の所へ持っていく。理仏性からいえば、全部同じ。無性有情も同じです。無性有情も仏性を持っている。理仏性の中に生かされている。しかし行仏性という面から見れば、この無性有情は行仏性を持たない。ですから、無性有情は、生涯仏に触れられないのか、生涯救いに与《あずか》れないのかというと、そうではなくって、実は、迷いながら、仏の教えを疑いながらでも、理仏性としては、ちゃんと仏性の中に抱かれているというふうな位置づけをするんです。抱かれているけれど、毎日の生活の中に、具体的に仏性を実行していく、あるいは、無漏の種子のままに、清らかな生涯を創り上げていく。そういうことが、できるできないという違いは生まれてくる。それは、無漏種子があるかどうか。仏性という言葉でいうならば、理仏性は、同じでありますけれど、行仏性ということからいえば、行を生み出す能力のある人と、行を生み出す力のない人とこれは違うと。両方が兼ね備わった時といいましょうか、この、行仏性と、理仏性とが、一致して一人の人格というものを形成したときに、それが成仏になる。

無性有情というのは、ですから、仏の中にありながら、それに気づかない。修行もしない。仏法の方へ顔を向ける力もない。行仏性がないんです。仏性という言葉を使うならば、行仏性、唯識の言葉でいえば、無漏種子。行じる、実行する、そういう具体的な仏道というものに参加するかしないかという違いをこの行仏性で説明していこうとした。これが、唯識の仏性論争の骨であります。

たとえば、正法眼蔵にも、理仏性に近い一面に立つ巻と行仏性の方に近い一面に立つ巻とがあります。仏性論争というものから考えていきますと、そういう普遍的な、永遠性というようなものに足を立てて見ていくか、それとも、自分の中にある無漏の種子を、磨き上げていくというふうなかたちで見ていくかという見る角度の違いでありまして、この両方は重なってある。どっちかが本当で、どっちかが嘘ではなくて、その両方が重なり合うということにおいて、仏性という問題が、考えられなければならないのではないだろうか。唯識では、それを、理仏性、行仏性という分析をして、そういう言葉を使いながら、仏性の説明をしていくのであります。

唯識の仏性論が、理仏性と、行仏性、それに少しずつ少しずつ進んでいくという面を唯識の修行論は、取り上げる。今申し上げたように、理仏性だけではありませんので、行仏性という世界になれば、否応なしに、私どもは、毎日の生活の中で、自分を磨かざるをえない。その磨くということを少しずつ少しずつ、進歩していくという形でとらえてまいります。

それが、五位でありまして、一つは、資糧位《しりょうい》。資糧位のところが、初発心のところでありますので、ここにいろいろな修行の項目をいれまして、そして修行を積み重ねていく。命の糧といいましょうか、人格の糧といいましょうか、そういうものを積み重ねていくのを資糧位といいます。二つめは、加行位《けぎょうい》。三つめは、通達位《つうだつい》。四つめは、修習位《しゅじゅうい》。そして、五つめが、究竟位《くきょうい》。こういう五つの段階で、修行が進歩していく。あるいは、深まっていくというふうに見てまいります。通達位のところが、いわゆる空が分かるか分からないかの分かれめになります。そういう重要な位置におきます。それで、五段階の中で、通達位・修習位・究竟位という三つは、空体験から出発するんです。つまり仏教の修行においてて大事なところは、空が分かるかどうかということ、空の会得ができるかどうかというところです。これが境目になる。それが分かってから後が、倍ぐらいの時間をかけなければならないという整理の仕方をするんですが、これも修行の長さです。仏道は、無窮《むぐう》なりという言葉を客観化したものです。それから、段階を追って、つまり五つの段階を辿って、徐々に徐々に円熟をしていく面です。

しかし、修行のとき、見道のところで大きな宗教体験があるわけで、漸次に五つの段階を辿りますが、ここで、空が分かった。空と一体となるのですが、それを無分別智《むふんべっち》といいます。これ以降の修行とは無分別智の修行です。つまり空の修行です。空の修行を磨き上げていくというのがここの修行でして、空を会得する無分別智は、究竟位までもう変わりません。

空の世界は変わらないけれども、それでは人間は変わらないのか、菩薩は変わらないのか、といいますと、漸次に変わっていくんです。少しずつ少しずつ円熟をしていくと。変わる一面と変わらない一面と通達位で重なるわけであります。

空の会得については変わらない。これは、ずうっと最後まで空の会得の磨き上げです。けれど、それじゃあ人間は、そこで変わらないのかといいますと、菩薩道を深めていくにつれて、段々と境地が深まっていくという変化もそこに見られる。漸次に、少しずつ少しずつ変わっていく。円熟していくということは、やはり宗門とすれば、大事な一面であって、なぜ、法臘《ほうろう》が尊重されるのか、着座の位置が、法臘によって決まっていくというのは、これは漸次に変わっていく、という人間観から生じるものでありましょう。漸次に変わっていくというそういう修行の成果というものが、自ずから人格の中に備わっていくから、だから法臘が多い方は、それだけの修行の円熟さがあると見ているわけです。ですから、変わらない変わらないというのもおかしいですし、変わった変わったというのもおかしいです。

空の世界は、変わらない。空の会得は、終始一貫変わりません。その会得が深まっていくという変わりは、厳然として認めざるを得ない。唯識の場合そういう非常に巧妙な、修行論をだしておりまして、仏性論なんかにしても私は、非常に巧妙だなと思います。両方なんです。両方を認めていく。

結びとして

—自己とは何かという姿を客観化して示す—

教学というのは、なくてもよい理屈をこねまわしたり、しなくてもいいような分類をしたりするところがあります。そしてそれが、行き過ぎることもありますし、その教学によって、逆にこちらが縛られてしまうこともあります。そういうことを、禅は、叩き切ったわけです。そういう意味で、教学というものは、絶対ではない。唯識も最後になると、今まで説明したことは、全部無いというように、一番最後に否定するんです。苦労して勉強した挙句に、おまえのやったことは無駄であったというんです。ここは大事にしなければなりません。教学にとらわれてしまって、教学に興味を持って、そして議論をしたって、何にもならない。戯論《けろん》に終わるわけで、教学にとらわれることは、高祖さんに学んでいる私たちは、大いに反省しなければならないことです。けれども、教学の意味は何かというと、客観化できない主体のあり方というものをあえて無理に客観化していく。人間がどのように変わっていくか、どのような構造であるか、それを広げる。私は、スライドだというんですけれど。スライドのように壁に大きく広げて見せてくれる。それは、スライドですから影にすぎません。けれども、人間が成長していく過程であるとか、あるいは、人間がどのような構造でできているかというようなことを大きくスライドに拡大して、見せてくれているのが教学です。したがってそこにとらわれてしまえば間違いであるにもかかわらず、仏道を参究するときは、一つの手がかりとして、人間というものを示してくる教学を学ばなければならないのです。

その客観性というものは、無視できない。しかし、そこにとっついてしまうと、だめなんです。中には、学生の中にでも、唯識というのは理屈をこねますから、おもしろく感じる人がいるんです。議論をして、どっちが勝ったとか負けたとかです。そういうものをおもしろいと感ずることがあるんです。そっちに深入りするんです。深入りしてしまったら道を踏み外したことになるように思います。

唯識は、三乗仏教であるというので、やはり何となく尊重されない風潮がありますけれど、唯識も是非一度見て下さい。そしてそこに描かれている客観化された人間の姿というものを手がかりとして宗乗を深めていただきたいと思っております。

二、道元禅師と唯識

（一）

道元禅師と唯識―特に法相唯識―というのは、少々奇妙なとりあわせである。いろいろな角度から求められることの多い道元禅師にあっても、話題にのぼることとの最も少ないことの一つではないかと思う。

禅師と教学との関係が問われる時には、主として天台・華厳・真言などの一乗教学のみがとりあげられてきた。一切皆成仏を率直には認めない法相唯識学など、およそ禅師の高い宗旨とは全くかかわりのないものと思われてきたのが本当ではないであろうか。

実際、道元禅師の中に、唯識との直接的な関係を探してみても何一つみつからない。禅師が、どこかで唯識の典籍を積極的に関心をもって読まれたという痕跡は見出せない。もし禅師が読まれる機会を持たれたとすると、最も可能性の大きいのは叡山の修学時代ということになるであろうが、周知のように叡山の天台教学は、開創以来、法相教学とは決して相容れるものではなかった。伝教大師《でんぎょうだいし》の『守護国界章《しゅごこっかいしょう》』を開いてみると、法相宗の徳一《とくいっ》との間に、いかに激しい感情的な応酬があったかを知るのであるが、どうもその対立感情は道元禅師の時代にまで伝わっていたもののように思われる。禅師と同時代を生きた法相宗生駒良遍《いこまりょうへん》（一一九四～一二五二）の『観心覚夢鈔《かんじんかくむしょう》』に、一方では他教学との諍論を戒めながら、それにもかかわらず一方では天台教学への批判を弁解しながらではあるが述べている所がある。禅師の時代にも天台教学と法相唯識学との間にはそういう気風が底深く流れていたのであろう。とすると、そのような風潮の中で、道元禅師が叡山にあって一人積極的に唯識を学ぶということは、まずあり得ぬことであろう。それ以降もそうした機会はおとずれなかったであろうと思う。禅師の著作の中に、唯識用語や唯識典籍が引用されることは全くないのである。

その故でもあろうか、歴代祖師の中に唯識を学んだ人はきわめて稀で、一般的に宗門では天台教学などに比べて尊重されることは少ない。しかし、それを承知の上で、あえて私は、道元禅師を学ぶのに唯識の持つ意味が決して少なくないことを提唱したいのである。

なぜかというと、いまさらことわるまでもないことであるが、禅師の宗旨は、常に、いまここに生きる自己にすべてがかけられているからである。そしてそのいまここに生きる自己を、真摯に克明に一点の妥協をも容れず追求したのが、法相唯識学であるからである。

禅師は教学に対しては批判的であった。学道の人は経典祖録を読むべからずと言い、経家論師はいたずらに名相の邪路に跉跰《れいへい》するものとして許されぬ面がある。むろん反面では、一切の経典を仏祖の眼睛《がんせい》としてとらえられながらではあるが、批判の矛先を教学に向けられるのは、元来、生死の大事を究むべき経典が、その生死の現実から離れて、抽象的な観念体系と化し、言語の遊びに堕しやすいからである。経典祖録や教学の学習のこわいのは、それが生死を説くものであるが故に、それに詳しくなればなるほど、恰《あたか》も自己自身の大事を究めたかの如き錯覚に陥ることである。遊びを遊びとして自覚すればまだ救われるのであるが、その自覚を眩惑させるところに経典祖録の陥穽《かんせい》がある。金剛経における徳山の例を俟つまでもない。

さて、『永平広録』巻四に次のような法語がある。教学に対する禅師の立場を示唆する説示と思うので手がかりとしてあげてみたい。

いわゆる四念処とは
身は是れ不浄と観じ
受は是れ苦と観じ
心は是れ無常と観じ
法は是れ無我と観ず。

これはいうまでもなく四念処、四念住と呼ばれる三十七道品中第一の観法の修行項目である。すでに阿含経の中に繰り返し説かれているから、仏教教義としては初期より課せられた実践徳目であった。ところが禅師はこれに満足されないで、次のように続けられる。

永平も亦四念処あり
身は是れ臭皮袋《しゅうひたい》と観じ
受は是れ鉢盂と観じ
心は是れ墻壁と観じ
法は是れ張翁酒を喫すれば李翁酔う。
永平の四念処と古仏の四念処と是れ同か是れ別か。
若し是れ同といわば眉鬚堕落《びしゅだらく》
若し是れ異といわば喪身失命。

禅師のこの四念処観のすばらしさは、不浄・苦・無常・無我のような抽象的な概念を切り捨てて、いまここに生死する具体的な自己そのものに四念処を観るところにある。ここに「不浄」があるのではない。ここにあるのはここに眠り、ここに行じ、ここに食し、ここに屙屎送尿《あしそうにょう》する「臭皮袋」であるというところにある。禅師が現実存在そのものを単的分明にとらえておられるのに比べてみると、古仙の四念処が、いかに観念的で迫力のないものになることか。

つまりここに私は教学と禅師の大きな違いを見るのである。教学が抽象化し観念化し公式化して躍動する生命を失っていくのに対して、禅師は現実へ現実へ、自己へ自己へと還帰される。そこには血の流れる自己がある。張翁酒を喫すれば李翁酔うという現実がある。それが禅師の仏法である。

では唯識ではどうなのか。唯識は教学ではないのか。確かにそうである。だがそこでちょっと立ちどまって頂きたい。

そこでもう一度禅師の説示をみると、古仏の四念処に対して、永平の四念処をはっきりと挙揚しておきながら、—ここは大切なのだが—最後には是れ同か是れ別かと迫られ、そのいずれの解釈をとることも認めておられない。そのことは、教学や教理に対しては、はっきりと否定的に現実存在の臭皮袋を提示しながら、しかもその現実存在と教理とを二者択一的に簡《えら》びとり簡び捨てることを不是とされていることを意味する。

なぜ不是なのか。

「三乗十二分教は仏祖の法輪」であり「仏経は正法眼蔵」であり、「もし仏経なげすつべくは、臨済・雲門もなげすつべし。仏経もしもちゐるべからずば、のむべき水もなし、くむべき杓も」ないからである。

で、このあたりに、私は唯識教学の意味を投げこみたいのである。禅師の基本に現実存在へ、自己へという軸があり、しかもその軸に立って教理経典を現実の自己へひきもどして蘇らせるという視点が大切なのである。その視点を見失わぬ限り現実の自己を、最も細密に問う唯識学が、臭皮袋の中に蘇ることが許される筈である。しかもそのことによって臭皮袋は、より一層その実相を深く生き得る。

臭皮袋とは、生死去来の自己であり、生死去来是生死去来の自己である。ことばを変えれば因果の自己、業報の自己、汚染の自己以外の何ものでもない。そしてそれを離れて真実人体も仏道もあり得ない。

とすると、生死去来の自己とは何か。因果・汚染の自己とは何か。その間に最も深く応えるのが法相唯識学であるとすると、その中に生死の実相を求めることは決して無意味ではないであろう。無意味でないどころではない。それによって生死が真の生死となると言うことができる。生死の自己を素通りした仏法は、観念の遊びになりやすいように思う。臭身は是れ臭皮袋を百万遍唱えてみてもなんにもならない。臭皮袋ととらえることは自己そのものに還ることである。臭皮袋という語に詳しくなることではなく、自己そのものにである。

唯識教学も、教学であるための観念化や抽象化という制約を免れることはできない。ひょっとすると、最も迷惑されやすい陥穽をひそめているかもしれぬと思ったりする。だがそれを確り承知の上で、臭皮袋の真相を唯識に聞くことが、禅師の仏法に参ずる一つの大きな道であると近頃しきりに考えている。

唯識を見そこなうと喪身失命するだろう。しかしそれを捨てさると眉鬚堕落するかもしれないのである。

（二）

道元禅師の著作の中には、禅師が直接唯識を学ばれたり講じられたりしたという跡を見出すことはできない。また日本の唯識典籍の中にも道元禅師に触れたものはない。その意味では、道元禅師と唯識とは関係の薄い仏教ということができる――この場合、唯識とは、特に日本に栄えた法相唯識のことであるが――。

しかし、道元禅師を学びながら片方で唯識を読んでいくと、唯識の教説や語句の中に急に生きかえってくるものがあったり、反対に道元禅師の教えが唯識学によって非常に具体的に身近なものとして受けとられるように思われるものがあったりする。

言詮不及の禅師の宗教を教学によって理解しようとしたり、教学を禅師の宗旨によって解釈するという方法は、境界をはっきりするという学的研究の方法からすると邪道であるかもしれないが、仏教を一体のものとして生死を究めようとする角度からは許されてよいであろうと思う。

道元禅師を独立した孤峰とするという把握もある。だが、私などのように教学の中に身を置く人間からすると、禅師は決して孤峰ではなく、仏教という奥ゆきの深い大山脈の中に屹立する一大秀峰とうけとりたい。そう考えぬ限り自分がやりきれないのである。そして大山脈中の一大秀峰とするならば、唯識の山頂から見る道元禅師峰の雄姿も禅師の姿であり、また仏教の一光景でなければならないのである。道元禅師も唯識もそれを拒否するような狭少なものではないであろう。

そこで、唯識の峰に立って道元禅師峰を仰いだり、道元禅師峰に立って唯識山頂を眺めたりする時、いろいろな美しい山容に接することがある。その一つとして、ここでは道元禅師と性相永別《しょうぞうようべつ》ということをとりあげてみたい。

性相永別とは法相唯識の特徴としてまず第一にとりあげられる性格である。性と相・本性と相状・本質と現象・仏と凡夫・菩提と煩悩・涅槃と生死などの対立する二つの領域を、全く異次元・異質のものとして峻別する把握である。道元禅師と同時代の唯識の学僧良遍は、法相唯識に対する他教学からの非難の第一として「一向隔歴」、すなわち性相永別を挙げているから（『大乗伝通要録』）、当時の唯識に対する一般的理解がそうであったと考えてよかろう。そしてその一向隔歴の立場は、性相を融即的にとらえ、煩悩即菩提、生死即涅槃、生仏一如とする一乗仏教より低次元のものとして権大乗とか三乗仏教などと貶称されたのであった。

もちろん法相唯識も一方的に異質性のみを主張するのではなく、二つの領域は非異非一の関係としておさえる。非一の面は異質性の峻別であるが非異の面は相即の一面である。良遍が生涯唱えつづけたのは、性相永別の誤解への反論であったといってよい。しかし、性相をとにかく根源的には異質のもの、異次元のものとしてとらえ相即はその後のこととする立場は変わらない。たとえばその最もよい例は真如観であろう。法相唯識では真如は凝然不作諸法《ぎょうねんふさしょほう》といって無常転変の諸法を超絶した永遠不変の真理そのものとする。決して真如が随縁して諸法となることはない。これは如来蔵仏教の真如随縁の説と真向から対立する真如観であり、性相永別説の根拠となるものである。これが仏身観では、自性身（真如）↔受用身・変化身の説を構成する。自性身は真如そのものであり、清浄法界《しょうじょうほっかい》、離相寂然《りそうじゃくねん》であって受用身・変化身を超越している。決して変化身＝自性身となることはない。そんな例をいちいち挙げると幾らでもあるであろう。とにかくそこに一貫しているのは異次元のものは異次元のものとするという性相永別の論理である。

ところで、この論理の故に、法相唯識は三乗仏教とか権大乗と蔑視されるのであるが、法相唯識を横において見ていくと、それと同じ構造が道元禅師の中にもみられるのである。その典型的な一例を挙げてみると正法眼蔵唯仏与仏《ゆいぶつよぶつ》の冒頭の一句がそれである。

仏法は人の知るべきにはあらず。

このゆゑにむかしより凡夫として仏法をさとるなし、二乗として仏法をきはむるなし。

ここには〈仏法〉←→〈人の知・凡夫・二乗〉というこの領域をはっきり峻別した構造がうたわれている。そして、人知・凡夫・二乗には仏法はわからないと断定されている。なんという厳しいことばであろうかと思う。凡夫・二乗の延長線上に仏法があるのではない。そこには深い断絶がある。どんなに凡夫・二乗が人の知をもって努力をしてみても仏法にはとどかない。種子が法雨のうるおいをうけて芽茎生長し枝葉華果するように連続しているのではない。

これを法相唯識の峰から眺めると、性相永別と全く同じ構造と見えるのである。一向隔歴が果たして本当に低次元なのであろうか。むしろそこにこそ深い宗教性が発見できるのではあるまいかと考える。

それでは人の知ではなぜ仏法を知ることができぬのであろうか。それは人間の認識の構造の上からそういうことができるのである。それが示されている一節である。

行仏の威儀を覰見せんとき、天上・人間のまなこをもちゐることなかれ。天上・人間の情量をもちゐるべからず。……人量短小なるには識智も短小なり。……いかにしてか行仏の威儀を測量せん。しかあればすなはち、ただ人間を挙して仏法を局量せる家門、かれこれともに仏子と許可することなかれ。しかあるを、わづかに凡夫・外道の本末の邪見を活計して、諸仏の境界とおもへるやから多し。（行仏威儀）

天上（天人）人間のまなこ・情量をもって仏法はわからない。それは短小のものには短小のものしか識ることができぬからである。人間の情量をもってえられた人法を仏法と誤認するものを仏子としてはならない。しかるに凡夫の見解をもって諸仏の境界と思う輩が多い。

ここにみられるのも仏法と凡夫の情量との厳しい峻別である。それは凡夫の情量の識智が短小であるからであるという認識論上の問題として述べられていることが分かる。そしてもう改めてことわるまでもなく、なぜ凡夫の情量は仏法を知りえぬかという構造を最も精細に論理化し体系化したのが他ならぬ法相唯識学である。

法相唯識の重要な分野である八識三能変論《はっしきさんのうへんろん》は人間の構造を八識として組織的に把える教説である。八識とは眼識・耳識・鼻識・舌識・身識・意識・末那《まな》識・阿頼耶《あらや》識をいうのであるが、人間の認識はこの八識によってのみ行われるとする。そのことは逆にいうと、八識の枠組みの中でのみ認識が成立していることを意味する。しかもその認識の根底にあるのは阿頼耶識であり、阿頼耶識はその人の歴史や文化や価値観を内蔵しており、それによって潜在的にその人の認識を根底から局限していくとみる。それが八識三能変論の説く認識の核心である。したがって人が己れの力をもって仏法を知ろうとしてみても、その枠組みを超えることはできず、自分の枠組みによって局量された対象をしか知ることはできない。仏法そのものがそのまま直裁的に知られるのではなく、自分の識智の範囲しか対象とならない。法相唯識では、仏の相好も人の心上に顕現する映像にすぎぬという。人智を以て量る限り仏そのものに接することはできない。局量の家門をもって諸仏の境界と思うことを断乎として許さない。そのように認識の限界へのつっこみは厳しいのである。

法相唯識は性相永別の立場に立つ権大乗であるから道元禅師とは無縁と思われることが多い。しかし、先入観を捨てて二つの巨峰をみわたしてみると、なんと深く契合するものがあるであろうかと驚嘆せざるを得ない。

そう思うのは、私の局量の情量によるのであろうか。

（三）

道元禅師の宗旨には、有・空の相対でいえば、有即有とでもいうべき構造を、私はみる。ふつう、有・空の対を構造的にいうときには、有即空・空即有という形になるのが基本であろう。常識的な領域に属する有は、空なるものとして根底を否定され、空なる真理は、有に蘇生することを意味する。いわゆる真空妙有という般若中観の構造である。道元禅師の宗旨も、これにはずれるものではない。

だが、道元禅師には、より端的なところがあるように思う。有即空・空即有という経過をうしろに隠して、有即有ととらえるところがあざやかであると思う。つまり、有即（空・空即）有という形で、有の否定、否定を媒介する妙有の把握というカッコ内の途中をとばして、上の有と、下の有とを直結するのである。世俗の有が、破壊されることなくそのまま妙有の有として把捉されるのである。

「仏性」の巻に、竜樹尊者身現円月相《しんげんえんがっそう》の話が拈提されている。世間の人は、仏教に御利益（福業）を期待している。それに対して、竜樹尊者は、仏性という第一義諦を説かれる。そこで、世間の人は、仏性を見せろという。尊者は、座上の満月の相を示現する。侍者の提婆が、無相三昧は、形は満月の如くであり、仏性は廓然虚明《かくねんこみょう》であるから、尊者はいまそれを示されたのであると諸人に説明する。説明がおわったとたん、円月相は消えて、尊者が、もとのまま高座に坐っている。

この伝灯録に基づく話は、有即空・空即有の公式がそのままあてはめうるものである。尊者の身と、その否定における円月相と、さらにその否定による尊者の身現が、きちんと定規にしたがって説かれているといってよい。現に伝灯録は、「彼の衆、偈を聞きて、頓に無生を悟」ったとまとめている。身相の否定による無生を悟ったのである。ところが、道元禅師は、これに対して、

まさにしるべし、このとき尊者は高座せるのみなり。身現の儀は、いまのたれ人も坐せるごとくありしなり。この身、これ円月相なり。身現は、……身現なり。

と述べられる。カッコ内が隠されているといってよいのである。伝灯録の理解が、有即空であるとするならば、禅師は、有即有であるといってさしつかえないと私は考えるのである。禅師のこの宗旨は、いたるところに見出すことができる。たとえば、

生死はのぞくべき法ぞとおもへるは仏法をいとふつみとなる。(「弁道話」)

生死は仏道の行履なり。生死は仏家の調度なり。(「行仏威儀」)

流転生死を出離すべしとのみいふ。……あわれむべし。(「諸法実相」)
この生死は、すなはち、仏の御いのちなり。これをいとひすてんとすれば、すなはち、仏の御いのちをうしなはんとするなり。(「生死」)

などなどである。有を否定して空に到るという経路の否定である。生死を生死のままに、仏の御いのちとし、仏道とするのである。生死を否定しないというところに着眼したい。

この構造に、私は、法相唯識の末那識の把握と共通のものをみるように思う。法相唯識では(1)まず末那識は、我癡・我見・我慢・我愛の識としてとらえられる。換言すれば、我執の識であるから、生死を生死たらしめる根源の識といってよい。それが深く自覚されているのである。あるいは、凡夫・生死の構造の論理化といってもよい。生死とは何かという問への法相唯識としての解答といってもよい。(2)法相唯識は、その末那識を、第七番目の識として、はっきり別立させた教学である。明確な位置づけは、法相唯識独自のものであり、それは、我執への鋭い自覚を意味するであろう。(3)『成唯識論』の中に、この末那識は仏果位には無いとする説と、有るとする説とを挙げ、後者を正義としている。それによると、我執の末那識が否定されることによって仏果位に到るのではなく、凡夫・生死の末那識を含んだ八識の構造が、そのままの形で仏果に転換するとされるのである。つまり、生死をのぞかないでその生死に、仏果を成ずるのである。末那識は転識得智して平等性智《びょうどうしょうち》となるから、生死そのままでないのはいうまでもないが、生死の根源の末那識を捨てず、そのままの構造を崩さないで内容が転換するとする。そこに有が空と否定される経路を隠した有即有と共通のものをみたいのである。

法相唯識の中に、有に即して真を把捉する別のものに、三性説における依他起性《えたきしょう》の問題がある。三性とは、遍計所執性《へんげしょしゅうしょう》・依他起性・円成実性《えんじょうじつしょう》であるが、これについても二説が伝えられる。遍計所執性が虚妄のものであり、円成実性が真実であることは共通だが、依他起性をどうとらえるかに二説のちがいがある。一説は、能縁・所縁の依他起性自体を虚妄の無体のものとする。それに対して、他の一説は、依他起性は、因縁所生のものであるから、仮有有体のものとする。つまり、能縁・所縁、見分・相分によって出現する一切諸法――道元禅師のことばによれば生死の法を、空とするか、有とするかのちがいである。法相唯識は、後説に立つ。

一切諸法を、唯心所現のものとするのが唯識仏教であるが、唯識所現の因縁所生の法自体を否定することはできないというのが、後説の立場である。心所現の一切法は、心所現なるがゆえに、虚妄性を本質的に内蔵するものとはいえ、それを捨て去ったあとには、何も残らない、因縁所生の依他起性を捨てて、どこにも真実はないのである。ここにも、有を有のままに残す法相唯識の構造をみることができる。そして、これと全く同じ叙述を、「空華」の次の一節に見出すことができるように思う。

おろかに翳《えい》を妄法なりとして、この外に真法ありと学すること勿れ。しかあらんは小量の見なり。翳華もし妄法ならんは、これを妄法と邪執する能作所作みな妄法なるべし。ともに妄法ならんが如きは道理の成立すべきなし。成立する道理なくば翳華の妄法なることしかあるべからざるなり。

翳華とは、眼疾のために空中に浮遊する花状の幻影である。これこそ、眼疾のため、その人にのみ見える虚妄の幻にすぎない。そんなものは空無であるといわれても一向に不思議ではない。しかし、道元禅師は、それを妄法として、真法は別にあると考えるのは小量の見である、それを妄法として捨てるならば、どこに真法の道理が成立するのかと問われる。たしかに、翳華は実体のない幻影にすぎない。だが、考えてみなければならぬのは、眼疾者にとっては、たとえ幻影とわかっていても、苦痛は実在するということである。その翳華を実体的実在と思いあやまると、遍計所執性となってしまうが、たとえ眼疾という因縁によって現われたものだと自覚するにしても、とにかく、眼前に浮遊する翳華は無視できない。翳華を否定することは、眼疾者の存在自体を否定することになる。

唯識仏教が、一切諸法を唯心所現とするのは、この翳華の譬喩と基本的には同じ構造であるが、その依他起性としての現実を、空として否定しないで、有ととらえるのが法相唯識の立場である。

このように眼蔵の語を横において、依他起性＝有という形をみると、それなるが故に程度の低い仏教だなどと、簡単にいえぬように思う。

以上、かけあしで述べてきたことは、従来、道元禅師の宗旨と、三乗仏教の法相唯識の間には、背反するものや、次元の違いなどのみがあるようにいわれることが多かったが、決してそうとばかりはいえず、むしろ基本の構造には両者に共通するものがあり、相互を相互に照らすことによって、よりその参究を深めることが可能と考えるということであった。

三、宝巌興隆和尚をたずねて

宝巌興隆和尚は、宗門の生んだ江戸時代最高の学僧の一人であり、また宗門の梵語原典による仏教研究の先駆者でもある。指月慧印・本光瞎道・面山瑞方等の諸哲と同時代の人であり、著作の量からいえば、面山和尚をはるかに凌駕する。しかるに興隆和尚の名は、宗の内外を問わずほとんど知られることがない。それは恐らく、和尚の著作の大部分が散逸しているからであろう。どれだけの著作がどこに現存しているか、一度も調査も整理もされたことがない。この度、その一部が全書の中に収録されたことは真によろこばしい限りである。

○

興隆の名に着眼し、それに何らかの評価を与えられているのは、わたくしの知る限りでは、結城令聞博士と岡田宜法博士である。

結城博士は、その『唯識学典籍志』に興隆和尚の著作を六部紹介され「江戸時代に於ける諸宗の唯識講学と其の学風」という論文の中では、唯識学の業績の面から、華厳の覚洲、鎮西の普寂と並べて「洞門に興隆あり」と述べておられる。覚洲は「鳩の書入」で、普寂はその批判的学風で当時を代表する唯識の雄であり、それと並記される興隆の位置もおのずから窺われるであろう。学風についてはそこでは触れられていないが、著述の量からいえば優に江戸時代屈指の学僧の一人であることは誰しも認めざるをえないことであろう。

宗門で、興隆和尚を評価されたのは岡田宜法博士である。博士は、『日本禅籍史論』の中で、次のように述べておられる。「若しそれ之を前後に比較する時、その著作の多種なる点に於いて将たまた其量に於いて、恐らくは右に出づるものはあるまい。……若しも此等にして全存する以上、我が禅籍史の江戸時代は如何ばかり豪華さを増大したであろう。」(東隆真博士より教示を受けた。)

このように、一部からは夙《つと》に着目されておりながらそれにもかかわらず、興隆はやはり無名の一学僧にすぎなかった。その如くにすべての著作が散逸しているのである。

○

興隆和尚は、字は宝巌という。元禄四年(一六九一)越後・弥彦山の禰宜高橋太郎右衛門光宜、お喜多の三男として生まれた。十四歳で出家、はじめ慈海、字を具海といった。受業・嗣法等はいまのところ不明である。『系譜』にものっていない。『系譜』はいま全体的に再調査研究がすすめられているので、そのうちにあきらかになることであろう。出家後、幾ばくもなくして出遊、比叡山霊空、三井寺義瑞、五智山如幻、浪華天竜等について台密・儀軌を学んだ。後、法相・三論・律・悉曇等を広く学んでいるが、伝授を誰にうけたかは明らかでない。『梵語訳文』の「序」には興隆自身、「……教授ノ師ヲ辞シテ京洛ニ往キ、明匠ノ室ニ入リテ……玄秘ヲ稟ク。南北ニ去来シテ……天台・真言・法相ヲ伝へ、晨夕輟メズ、四十余年老朽ヲ忘却セリ……」と述べており、出遊以来四十余年の星霜をひたすら研究に没頭して生きた一学徒の半生を彷彿たらしめるものがある。

『成唯識論操觚篇』の「序」には、享保十二年（一七二七）全久院（埼玉県加須市北辻）経台に於いて書し畢るとあり、『楞厳経問訣略選』「序」には、享保十五年（一七三〇）東都の僑舎に於いてとあり、『梵語訳文』「序」には、寛保三年（一七四三）東都の南亭にて敬て書すとある。東都の僑舎、或いは南亭がどこをさすのか、いろいろ手を尽くしてみたがわからずじまいである。全久院―東都僑舎―東都南亭の関係も前後の経過も不明である。ただ分かることは、三十代後半には、京洛より、東都或いは全久院に移っていたということである。しかもその頃までにすでに多量の著述が完成していたらしい。『梵語訳文』「序」に、「既ニ経論ヲ談ズル事顕密ノ釈典、五十余帙、且ツ記鈔ヲ撰スル事三百余ニ垂ントス……」と記しているのである。

全久院は第六世である。『操觚篇』第五巻の最後には、宝暦二年（一七五二）八月吉日畢、とある。『操觚篇』がもし興隆の自筆であるとしたならば、宝暦二年、六十二歳の時には、まだ全久院に住していたことになる。

後、福島県三春の州伝寺十二世に転住し、明和六年（一七六九）十月二十六日、七十九歳で没した。

越後より京へ、京より東都へ、東都より武州へ、そしてさらに東奥へというその生涯は、資料を失って克明につなぐことはできない。全久院は、幕末から明治三十年代にかけて三回、州伝寺もまた幕末に、それぞれ災火に遇い、いずれも過去帖をはじめ一切の文書を焼失していて、いまにしては一向に何もわからぬのである。

全久院の村の古老の間には、興隆和尚は、著作を全部持って越後へ帰ったという言い伝えがあるということである。州伝寺への転住がそう誤り伝えられたのであろうか。それとも、興隆は一度越後に移り、その後州伝寺に入ったのであろうか。あるいはそれとも『日本仏家人名辞書』によると、多量の国学関係の書物を、実家の弥彦山に寄贈したとあるので、そのことがそう伝えられたのであろうか。弥彦山も火災のため古いものを伝えていない。『操觚篇』の冒頭には、「北越沙門興隆」と記している。故郷を離れて数十年の後、なお「北越沙門」の自覚を抱いていたもののようである。何らかのかたちに於いて興隆和尚と北越とは深く結びついているといわなければならない。

全久院八世素隆に『興隆禅師饒舌集』一巻があり、刊行されている。これは興隆が鳳潭を批判したのを侍者素隆が記録したものであり、興隆を知る大切な手がかりとなるものである。

○

興隆の著作名が記されている主たるものは次の六点である。下の数字は、興隆の著作の部・巻数である。散逸した興隆の著作を知るにはこれらに依るほかない。

①『仏典疏鈔目録』37部315巻
②『近代名家著述目録』84部686巻
③『日本仏家人名辞書』85部705巻
④『埼玉名家著述目録』103部790巻
⑤『望月仏教辞典』106部864巻
⑥『禅籍目録』12部144巻

これらをいちいち対照してみると、それぞれ相互の間にかなりの出入りがあって、いずれを確定的のものとすべきか途方にくれるありさまである。しかし、いずれにせよ、その量の膨大であることは驚嘆に値するものがある。

『仏典疏鈔目録』(『大日本仏教全書』)は、興隆和尚の自著であり、三国にわたっての仏典疏鈔を網羅した目録で、一宗一派にかたよることのない穏健な編集として評価されている。その中に和尚は自身の著作をも挿入しており、それを抽出したのが右の数である。もちろんこの中には神道国学関係のものは含まれていない。ある段階に於ける最も確実なものというべきであるが、和尚はこの目録を作製した以後も多くの著述を続けた。それが②

の『近代名家著述目録』の数となると考えてよいのであろう。

『近代名家著述目録』は、堤朝風編、天保七年（一八三六）英遵補定のもので、これがその後の底本となっている。『日本仏家人名辞書』は殆どそのままの踏襲である。

『埼玉名家著述目録』（昭和十六年）は故渡辺刀水老が、生涯をかけて製作された労作である。ここに至って著作の数がぐっとふえている。『望月仏教辞典』も同じことであるが、どこからその資料を得られたのであろうか。『日本仏家人名辞書』の増訂再版は明治四十四年であるから、少なくともその後、増広の資料が見つかったということなのであろう。それはどのようなもので、どこにあるのであろうか。

渡辺刀水老自蔵の『埼玉名家著述目録』（初版）を県立浦和図書館で見せて頂いたのであるが、手垢のしみて綴じの崩れたその『目録』に老自身訂正増補を縦横に書き込まれていた。興隆和尚の頁も同様であったが、その頁の隅に、「新潟目録」と記入されている。「新潟目録」とは何か。新潟は興隆和尚の生国である。もし「新潟目録」が新潟のどこかの蔵書目録であるとするならば、一冊も見られぬといわれる和尚の著作の幾つかがそこに現存していることになる。わたくしは胸のときめくのをおさえて、県立新潟図書館に問い合わせてみた。しかしかえってきた答は、絶望的なものであった。「新潟目録」なるもの自体が、何ものかわからぬのである。興隆の著作についても数日を費やして調べて頂いたようであったが、ついにそれらしい何ものも見つからぬという返事であった。渡辺老の記入された「新潟目録」とは何であろうか。全久院の古老に伝わっている著作を持って越後に帰ったというのと、この「新潟目録」とどこかで何かがつながっているのであろうか。推理小説めくが、どこかに何かがあるという思いを断ち難いのである。

著作の幅は実に広く多種である。そのすべてをここに挙げることは許されぬので、おおざっぱな項目によって主たるもののみを列記してみると次のようになる。

(1)仏典の註疏等

法華・天台	13部217巻	(『法華科註復宗記』40巻など)
華厳	2部52巻	(『華厳玄義大略鈔』49巻など)
浄土教	2部13巻	(『無量寿経義疏記』8巻など)
大日経	1部35巻	(『大日経開宝蔵』35巻)
楞伽経	1部3巻	(『楞伽経参訂私記』3巻)
楞厳経	4部18巻	(『楞厳経問訣略選』1巻など)
維摩経	1部12巻	(『註維摩経義心録』12巻)
梵網経	3部14巻	(『梵網古迹記義略』8巻など)

倶舎論　2部44巻（『倶舎講花（苑？）指謬』24巻など）
雑集論　1部20巻（『雑集論述記纂釈』20巻）
起信論　1部10巻（『起信論義記文心略鈔』10巻）
因明　2部4巻（『因明本作法纂解輔宗記』3巻など）
唯識　5部62巻（『成唯識論操觚篇』17巻など）
禅　1部1巻（『禅門五派録』1巻）
(2)悉曇　22部190巻（『三蔵梵語集』100巻など）
(3)神道・国文学　33部149巻『神道問解』3巻など『源氏四河入海』30巻など
〈『埼玉名家著述目録』による〉

以上の如くちょっと例のみられぬ位、幅の広い多種多様の著作がある。部巻数からみると、法華・天台が最も多く、次いで悉曇、続いて唯識の分野となる。この中、何部かは刊行されているのであるが、それがどれだけあるのか明らかでない。仏典の註疏が圧倒的に多いのは当然のことというべきであろうが、神道・国学関係のものが、かなりの部数あるのは興味深い。『国学者伝記集成』には、興隆和尚は、国学者の一人として紹介されているのである。和尚が弥彦山の三男であるということと、深い無意識的境域においての何かのつながりがあるのであろう。

悉曇の研究は、どの程度の評価をうけうるものか、残念ながらわたくしにはそれを見定める力がない。伝統的な悉曇研究であるといってよいと思われるが、原語による仏教研究への着眼は全く誤っていない。『梵語訳文』「序」の「……伝弘人師、経論ヲ疏スルニ至テハ、唯、漢文ヲ執シテ以テ梵音ニ昧ク、己レノ情ニ一任ス。梵学ニ粋セズシテ豈ニ輒ク経旨ニ通徹センヤ。」という一節が端的にそれを語っている。漢文のみを所憑として恣意的な解釈を加えることへの批判である。因みに慈雲尊者（一七一八〜一八〇四）のやや前になる。

教学で得意としたのは、倶舎・唯識等の有宗の系統で、般若・空観の系列のものは全くみられない。

宗乗・禅に関するものが少なく、一部一巻であるのも特徴である。比類のない著作の幅と量を持ちながら、宗門でかえりみられることの少なかった理由の一つは、これであるかもしれない。

〇

現存のもので、わかっているのは次のもののみである。

1『楞厳経問訣略選』一巻、駒大

2『禅門五派録』一巻、駒大

3『梵網経古迹記義略』八巻、雲洞庵

4『梵語訳文』一巻、静嘉堂・駒大・大正大・東大

5『成唯識論操觚篇』五巻、大正大

この中で『梵網経古迹記義略』と『成唯識論操觚篇』は刊本ではない。それが興隆の自筆であるかどうかは今後検討の要があるが、とにかく刊行されなかったと思われる筆写本が現存しているのである。『仏典疏鈔目録』にしても、戦災で灰燼に帰するまで、芝・宝松院の書庫に筆写本が所蔵されていたのである。このことは、他にもまだある。まだ現存するものが放置されて眠っているという祈るような思いをつのらすばかりである。

四、管長さん、約束がちがいます

――追慕・高田好胤和上――

平成十年、六月二十二日、午前八時五分、
法相宗管長・薬師寺別当・探題・大僧正高田好胤大和上が遷化された。
世寿七十五歳（数え年）であった。
遺ったものに、ただ無念と寂寥の思いを抱かせて、和尚は化《け》を他界に遷されたのである。

私の管長さんの悲報

その日、十一時過ぎ、今年米寿の高橋美永さんから電話があった。西宮の玉川さんから報せがあり、高橋さんは泣いた。泣いて泣いて泣きつくして、ようやく私に電話をくださったのであった。

おそらく、縁者より縁者へと、全国の電話網を悲報がはしったにちがいない。

二十三日、通夜、二十四日、密葬がいとなまれた。

薬師寺には、「仏弟子たるものは、私が涅槃に入ったとて修行を休んではならない。怠ることなく専心に精進せよ」という仏陀最期の教えにしたがって、葬送儀礼はない。

永年の和上の親友、法徳寺・倍巌《ばいがん》良舜上人を導師に招請して、融通念仏宗の規矩によって通夜・密葬は執行された。

通夜のご詠歌は、和上が敬愛された稲葉珠慶尼の誦詠であった。

厳粛な寂かな、心のこもった儀式であった。

和上は、縁ある者一人一人に対して、深い慈愛の眼をそそがれた。出会う者は皆、一人一人、誰も彼も、管長さんは自分の方を向いていてくださると思った。

悲報は、法相宗管長高田好胤猊下の遷化を報せたのではない。「私の管長さん」がお亡くなりになったのである。私の灯の消えたその悲しみを、次々伝えたのである。

参列する人々は、皆、和上の法話を聴聞した人たちであった。

「管長さん」「管長さん」と和上を仰ぎみた人たちであった。

義理やつき合いで来ている人は一人もいない。

念仏が唱えられ、『阿弥陀経』『唯識三十頌』『般若心経』が読誦される間、ハンカチで顔を覆うて、悲しみをこらえる人の姿がたえなかった。

清澄な瞳の光

和上との法縁を私が頂いたのは、『観心覚夢鈔』(大蔵出版「仏典講座」中の一冊)を、分担させて頂いた昭和五十六年の冬であった。和上は読んでくださり、この人間に会ってみたいと思われたという。

お招き頂いたのは、インド仏蹟参拝の写真交換会の席であった。

いつまでも子どものように人見知りの強い私は、初対面というだけで、どなたに対しても緊張してしまうのだが、写経勧進で金堂を完成されて、今をときめく管長猊下であるから、私はこちこちに固くなっていた。

少し遅くこられた和上は、一切の挨拶抜きに、いきなり、お釈迦さんや玄奘三蔵の時代には、エレベーターやエスカレーターはなかったのだから、なるべく乗らないことにしているのですといいながら階段を上り始められた。それが和上との初相見であった。

先を上りながら、何回も後を振り向くようにして、『大法輪』誌上に通院のことを書いたのを読まれたらしく、「身体の調子はどうか」とか、「今日の会はこういう会だ」とか話された。

その席上、私は強烈な衝撃を受けたことが一つあった。

それは、和上の眼が、なんとも形容し難く美しく清澄なことであった。

それまで、テレビや新聞などのマスコミを通してのみしか和上を知らなかった私は、恥ずかしいことだが、昭和五十一年に金堂の再建を果たし、その頃マスコミの流れにうまく乗ったタレント坊さんの典型というイメージしか持っていなかった。その私にとって、その余りにも清澄な瞳は一体何なのか。

その清澄な瞳の光に、私の虚像は、一挙に吹き飛んでしまったのである。

違う。そうではない。

それは大きなショックであった。

そうではなく、内に真摯な求道の仏者ではないか。メディアを通しての認識には、時に本質的な錯誤を犯すことがあるように思う。

そうでなければ、あの瞳の美しさをどう解したらよいのだろうか。

それが初めての和上との出会いで、心に深く刻みつけられた一大事であった。

その直観は間違っていなかった。

その後、出会いを重ねるにつれて、その思いはますます確実なものに深まっていった。

和上は、仏法を仏法として修める真摯な求法の人であり、仏法興隆の誓願に向かってのひたむきな実践者であった。

和上の誓願

唯識教学では、人の生死を分段生死《ぶんだんしょうじ》と不思議変易生死《ふしぎへんやくしょうじ》との二に分ける。

「分段生死」は、それぞれが業の果を受ける個々別々の生死で、平凡人の生死である。

「不思議変易生死」は、慈悲と誓願と禅定の力によって、業果を振り切って、さまざまの斉限を超えた仏・菩薩の生死だという。

日夜、写経勧進に席の温まる暇もなく東奔西走される和上のお姿は、まさに誓願にすべてを捧げ尽くす不思議変易生死そのものであった。

和上の誓願を、不遜ながら私流に整理すると、四領域にまとめることができるように思う。

第一は、修学旅行生の心のなかに、仏法の種を植えつけること。

第二は、白鳳伽藍の現代への復興。

第三は、現代の仏法としての唯識教学の研鑽。

第四は、戦病死した若き兵士たちへの悔過法要。

仏心の種蒔き

第一の誓願は、修学旅行生に対して、説法されたことであった。

文化財の解説ではなく、和上は、直接仏法の話を聞かされた。わずかの時間の法話を聞いて、いざ帰ろうとする時には、生徒たちは、自然に仏前で姿勢を正し、合掌をして帰るようになったという。

仏法の種が播かれたのである。

修学旅行生に対して、仏教の中身の話を説かれたのは、和上をもって嚆矢《こうし》とする。

「修学旅行の時に何を見たのか、どこにいったのか、まるで憶えていないが、奈良の薬師寺で聞いたお坊さんの話は忘れられない」という人達が全国にたくさんいる。

修学旅行生に仏法を語るその伝統は、今も寺の若い人達に継承されて、毎日、幾組みもの生徒たちに、明るくユーモラスな法話がつづけられているが、それは和上の、仏教を現代に生かすという誓願の、具現化の一つである。

白鳳伽藍の復興

和上の誓願の第二は、白鳳伽藍の現代への復興であった。そのために、写経勧進を全国に向かって展開され、生涯それに身命を捧げられた。

私に、これを口にする資格はまったくないが、和上にとっても一山の方々にとっても、最も苦労の多い大事業であったに違いない。

白鳳伽藍の復興は、寺自体の多年にわたる念願であった。

その最大の特徴は、結縁の人々の一人一人に写経を懇請し、その喜捨によって伽藍復興を志されたことである。

舞台は薬師寺である。大口のパトロンや大企業に呼びかければ、再建事業は遥かに楽に進展したのではないだろうか。

だが和上はその道を選ばれなかった。

その道を避けて、百万巻写経勧進という苦難の道を選ばれた。

写経勧進で果たして伽藍が建つかという批判もあり、不安もあったようだが、一人一人、一字一字、仏法に触れ、仏法との結縁を深めてもらうことこそが白鳳伽藍復興の正道であるとの和上の信念は揺るがなかった。

仏陀以来、多くの先達たちによって、さまざまの勧進がすすめられてきたようだが、一人一人の写経によって伽藍復興を完成成就した例は他にないのではなかろうか。

昭和五十一年（一九七六）＝金堂再建。

〃　五十六年（一九八一）＝西塔完成。

〃　五十九年（一九八四）＝中門完成。

平成三年（一九九一）＝玄奘三蔵院完成。

そして平成八年（一九九六）、大講堂復興の工事が起され、現在進行中である。

いま写経は六百万巻を超えたといわれる。白鳳伽藍復興の思いを胸に描きながら、その完成をまたずに、何をそんなに急いで和上は化を他に遷されたのであろうか。

遺されたものにとって、ただ無念の思いがつのるばかりである。

唯識教学への熱き思い

和上の誓願の第三は、法相宗の教学である唯識仏教の研鑽であった。

和上のご指示で、昭和六十一年一月より、月一回、『成唯識論』を読むことになった。なまけもので、浅学菲才の私にとっては、法相宗の本山での唯識の勉強は、身に過ぎた光栄なことではあったが、管長さんの前で話をするわけだから、自分の分限を超えた出来事で厳しかった。一年ばかり、前座を勤めて辞退するつもりであった。

和上は、欠かさず出席された。先頭をきって出席された。という方が正しいだろう。

和上は、唯識教学は二人の大碩学より受業しておられる。

一人は、いうまでもなく、もとの管長であり、法の師匠でもあられた橋本凝胤和上であり、一人は、法相唯識のこれ以上の業績は今後望めないだろうといわれる『唯識学研究』の著者、深浦正文博士であった。

お二人とも、唯識の蘊奥《うんのう》を究めた不世出の昭和の大碩学である。その二人の大家より、和上は直接親しく唯識を受けておられるのだ、私の話しなど聞かれる必要はない。

和上は、唯識の話を聞いていると、深浦先生の講義を懐かしく思い出すのだとおっしゃっていた。

「自分は、一生、写経勧進に力を尽くしてしまったが、ただ一つ唯識のことが心に残っているのです」ともいわれた。

毎月の会は、第三日曜日の前夜の午後六時からであった。第三日曜日の午後は、和上の月例の法話が行われており、唯識はその前夜と定められたのであった。

その日、和上は、どこにおられても必ず時刻に間に合うように寺にもどってこられた。時には、朝のうちに北海道や九州で講演をされ、飛行機や電車を乗り継いでもどってこられたことも一度や二度ではなかった。

講義中は、テキストやノートに、びっしりと書き込みをされた。ページによっては真赤に塗りつぶされたような感じのするところもあった。時には、今日は五分早く講義をやめたというようなことも書かれ、そんな時は、嬉しそうに書き込みを読んで聞かせられたりした。

平成八年の十一月、健康を害されるまでの間、一度風邪で欠席された以外、休まれることも遅刻をされることもついぞなかった。

日本一忙しい管長さんである。お休みになって当然である。どうぞお休みくださいと何回か申しあげたことがあったが、私から楽しみを奪うのか、とお聞き届けにならなかった。一年や二年のことではない。実に十五年の長期にわたってである。

演出やジェスチャーでできるものではない。

唯識教学への熱い思いを、心の底に抱きつづけておられたのである。

平成八年の大講堂起工式の挨拶の中で、和上は、大講堂完成の暁、そこで唯識の講義を聞くのが楽しみだといわれた。和上の唯識仏教への、しみじみとした深い思いが伝ってきて、参列者の間から思わず拍手がわきあがったのは、感動的であった。

鎖龕《さがん》の折、一冊の『成唯識論』が納められたと聞く。

兵士たちへの悔過

第四は、戦争で亡くなった兵士たちへの慰霊法要である。和上ご自身が、幹部候補生の訓練中に終戦を迎えておられる。慰霊法要は戦友への鎮魂の祈祷でもあった。

私は、機会がなく、ついに一度もお供をすることがないままに終わったが、和上は戦跡のすべての土地で法要をお勤めになりたかったにちがいないと拝察している。

慰霊法要について、和上は、自分のようななまくら坊主のお経で、兵士たちの慰霊などできるものではない、戦場の跡に坐って悔過の法要を営むだけだといっておられたが、陸海山野をえらばず、一メートルでも一歩でもいけるところまで戦場に近づいて、その大地に坐して、所によっては焼けつくような太陽のもとで、略することなく正規の法要を修められた。船には強くなかったようだが、海戦のあととか輸送船が沈没した海には船をチャーターして海上で読経をなさっている。

和上は、私のことを、「先生」とお呼びになった。教員という職業への呼称であるが、実のともなわぬ私には、もったいないことであった。

玄関で、まごまごしていると、和上ご自身の手で、さっと靴をそろえてくださったことも何回もあった。

帰ろうとすると、自動車に乗り込んでこられ、ホテルのロビーまで見送ってくださることも度々であった。

思い出すだに身のはれる思いである。

私に向かって、「先生の葬式には、お通夜にも告別式にも参列するつもりだ。ただ私にも都合があるから、あらかじめ、早めに日時を決めておいてくれぬと困る、」などとおっしゃっていた。

それが三、四年前、どうも自信がなくなった、とおっしゃったことがあった。

法体のどこかに、何ごとか違和を感じられることがあったのであろうか。

まだ教えを受けねばならぬことがある。

お叱りを受けねばならぬことがある。

あやまったり、おことわりや言い訳をしなければならぬことがある。
そんなことが一杯ある。
それができない。
管長さん、約束が違いすぎます。

あとがき

最近、青山俊董師より「宗乗づつみ」という言葉を教わりました。

道元禅師関係、曹洞宗関係の典籍、つまり宗乗の典籍は、どんな時にも、必ず袱紗《ふくさ》に包む。その袱紗を「宗乗づつみ」という。宗典以外の仏教書、たとえば唯識関係の仏典などは、袱紗に包まないということでした。

宗乗への参学一本に純粋に徹底的に人生を絞るのも佳し、広く仏縁を修めるもまた佳し。正邪をせっかちに決めることは無用でありましょう。

内典・外典、一乗・三乗などいろいろな仏典を読破し、漫画やイラストやインターネットなども自在に利用しながら、問われれば、「えっ、宗乗以外の本が世のなかにあるの！」などとすっとぼけられる老師もあるかもしれないと、空想して楽しんでいます。

「今、この論を造ることは、二空において迷謬せる者に正解を生ぜしめんがためなり。」と成唯識論宗前敬叙分の最初の一節を頭のなかでつぶやいて気づいたことがあります。

それは「空」から始まっていること。しかもなんの説明もことわりもなく、「空」がいきなり投げつけるようにして示されているのです。

「空」は先人たちが久修練行の末、到達された終着点ではありませんか。終着点が出発点になっているのですね。

何も解らないで、終着点からスタートするのには、「信」からの出発しかありません。近頃ようやく気づいたことでした。

一、「心の探究」は、第十五回中国曹洞宗青年会岡山大会（平成四年）と秋田県第十四回随聞会（平成五年）で唯識の概略を紹介したものを、幹事役越海暢芳師が、丹念にテープ起こしをしてくださったものです。師のご尽力によって、この本は生まれました。深く感謝します。

秋田の随聞会は寿松木《すずき》宏毅師のお世話になりました。

両大会の幹事の方々に篤くお礼を申しあげます。

二は、『正法眼蔵蒐書体系』の月報（昭和五十六年）に掲載して頂いたものです。

三は、『続曹洞宗全書』の月報（昭和五十年）に掲載して頂いたものです。

四の「管長さん、約束がちがいます」は、奈良薬師寺・高田好胤大和上がご遷化の時、大法輪誌より依頼を受けて謹書した文章に補筆したものであります。

私は五十代の中頃から六十代一杯、二十年近くにわたって大和上の過分のご法愛を賜りました。今も奈良に行けば和上にお目にかかることができるような思いが消えません。

平成十一年　九月二十九日

太田久紀

太田　久紀（おおた・きゅうき）

昭和3年3月、鳥取市に生まれる。

昭和26年、駒沢大学文学部仏教科卒業。仏教学・唯識学専攻。

元駒沢女子短期大学教授。元駒沢大学仏教学部講師。元薬師寺唯識学寮講師。

［主要著書］

『選註成唯識論』『唯識三十頌要講』『随筆宿香界』『成唯識論要講全4巻』（中山書房仏書林）、『唯識の読み方―凡夫が凡夫に呼びかける唯識』『お地蔵さんのお経』（大法輪閣）、『観心覚夢鈔』（仏典講座・大蔵出版）、『仏教の深層心理』（有斐閣）、『仏教のこころ』『修証義にきく』（曹洞宗宗務庁）など

本書は、1999年に中山書房仏書林より刊行された『唯識の心と禅』の新装版です。

唯識の心と禅

2023年6月30日　初版第1刷発行

著　者　太　田　久　紀

発行人　石　原　俊　道

印　刷　亜細亜印刷株式会社

製　本　東京美術紙工協業組合

発行所　有限会社　大　法　輪　閣

〒150-0022 東京都渋谷区恵比寿南 2-16-6-202

TEL 03－5724－3375（代表）

振替 00160－9－487196番

http://www.daihorin-kaku.com

　ISBN978-4-8046-1444-1　C0015